국민연금공단

직업기초능력평가

[시간선택제/고졸]

KB086730

제 1 회	영 역	의사소통능력, 문제해결능력, 수리능력, 조직이해능력, 정보능력
	문항수	60문항
	시 간	60분
	비 고	객관식 4지선다형

SEOWONGAK
(주)서원각

제1회 직업기초능력평가

1. 다음은 어느 공문서의 내용이다. 잘못된 부분을 수정하려고 할 때 옳지 않은 것은?

대한기술평가원

수신자 : 대한기업, 민국기업, 만세기업, 사랑기업, 서준기업 등 (경유)

제목 : 2015년 하반기 기술신용보증 및 기술평가 설명회 안내

〈중략〉
-아래-

1. 일시 : 2015년 8월 6일 목요일 ~ 8월 9일 일요일
2. 장소 : 대한기술평가원 대강당(서울 강남구 삼성동 소재)
3. 접수방법 : 대한기술평가원 홈페이지(fdjlkkl@dh.co.kr)에서 신청서 작성 후 방문 및 온라인 접수

붙임 : 2015년 하반기 기술신용보증 및 기술평가 설명회 신청 서 1부

대한기술평가원장

과장 홍길동   부장 임꺽정   대결 홍경래
협조자

시행 : 기술신용보증평가부-150229(2015.06.13)

접수 : 서울 강남구 삼성동 113 대한기술평가원 기술신용보증평가부 /http : www.dh.co.kr

전화 : 02-2959-2225

팩스 : 02-7022-1262/fdjlkkl@dh.co.kr/공개

---

① 시행 항목의 시행일자 뒤에 수신기관의 문서보존기간을 삽입해야 한다.
② 붙임 항목 맨 뒤에 "."을 찍고 1자 띄우고 '끝.'을 기입해야 한다.
③ 일시의 연월일을 온점(.)으로 고쳐야 한다.
④ 수신자 목록을 발신명의 아래에 수신처 참조 목록으로 내려 기입해야 한다.

2. 다음 글은 사회보장제도와 국민연금에 관한 내용이다. 다음 글을 읽고 정리한 〈보기〉의 내용 중 빈칸 ㈎, ㈏에 들어갈 적절한 말이 순서대로 나열된 것은 어느 것인가?

산업화 이전의 사회에서도 인간은 질병·노령·장애·빈곤 등과 같은 문제를 겪어 왔습니다. 그러나 이 시기의 위험은 사회구조적인 차원의 문제라기보다는 개인적인 문제로 여겨졌습니다. 이에 따라 문제의 해결 역시 사회구조적인 대안보다는 개인이나 가족의 책임 아래에서 이루어졌습니다.

그러나 산업사회로 넘어오면서 환경오염, 산업재해, 실직 등과 같이 개인의 힘만으로는 해결하기 어려운 각종 사회적 위험이 부각되었고, 부양 공동체 역할을 수행해오던 대가족 제도가 해체됨에 따라, 개인 차원에서 다루어지던 다양한 문제들이 국가 개입 필요성이 요구되는 사회적 문제로 대두되기 시작했습니다.

이러한 다양한 사회적 위험으로부터 모든 국민을 보호하여 빈곤을 해소하고 국민생활의 질을 향상시키기 위해 국가는 제도적 장치를 마련하였는데, 이것이 바로 사회보장제도입니다. 우리나라에서 시행되고 있는 대표적인 사회보장제도는 국민연금, 건강보험, 산재보험, 고용보험, 노인장기요양보험 등과 같은 사회보험제도, 기초생활보장과 의료보장을 주목적으로 하는 공공부조제도인 국민기초생활보장제도, 그리고 노인·부녀자·아동·장애인 등을 대상으로 제공되는 다양한 사회복지서비스 등이 있습니다. 우리나라의 사회보장제도는 1970년대까지만 해도 구호사업과 구빈정책 위주였으나, 1970년대 후반에 도입된 의료보험과 1988년 실시된 국민연금제도를 통해 그 외연을 확장할 수 있었습니다.

이처럼 다양한 사회보장제도 중에서 국민연금은 보험원리에 따라 운영되는 대표적인 사회보험제도라고 할 수 있습니다. 즉, 가입자, 사용자로부터 일정액의 보험료를 받고, 이를 재원으로 사회적 위험에 노출되어 소득이 중단되거나 상실될 가능성이 있는 사람들에게 다양한 급여를 제공하는 제도입니다. 국민연금제도를 통해 제공되는 급여에는 노령으로 인한 근로소득 상실을 보전하기 위한 노령연금, 주소득자의 사망에 따른 소득상실을 보전하기 위한 유족연금, 질병 또는 사고로 인한 장기근로능력 상실에 따른 소득상실을 보전하기 위한 장애연금 등이 있으며, 이러한 급여를 지급함으로써 국민의 생활안정과 복지증진을 도모하고자 합니다.

〈보기〉

사회 보장 (광의)	사회 보장 (협의)	사 회 보험	건강보험, (가), 고용보험, 노인장기요양보험
			공적연금 : 노령연금, 유족연금, (나)
		공공부조 : 생활보장, 의료보장, 재해보장	
		사회복지서비스(노인·부녀자·아동·장애인복지 등)	
	관련 제도	주택 및 생활환경, 지역사회개발, 공중보건 및 의료	
		영양, 교육, 인구 및 고용대책	

① 연금급여, 사회보험
② 산재보험, 장애연금
③ 사회보험, 연금급여
④ 사회보험, 장애연금

3. 다음 청첩장의 용어를 한자로 바르게 표시하지 못한 것은?

알림

　　그동안 저희를 아낌없이 돌봐주신 여러 어른들과 지금까지 옆을 든든히 지켜준 많은 벗들이 모인 자리에서 저희 두 사람이 작지만 아름다운 <u>결혼식</u>을 올리고자 합니다. 부디 바쁘신 가운데 잠시나마 <u>참석</u>하시어 자리를 빛내주시고 새로운 출발을 하는 저희들이 오랫동안 <u>행복</u>하게 지낼 수 있도록 <u>기원</u>해 주시기 바랍니다.

고○○ · 허○○ 의 장남 희동
박○○ · 장○○ 의 차녀 선영

다음

1. 일시 : 2015년 10월15일 낮 12시 30분
2. 장소 : 경기도 파주시 ○○구 ○○동 좋아웨딩홀 2층 사파이어홀
3. 연락처 : 031-655-××××

첨부 : 좋아웨딩홀 장소 약도 1부

---

① 결혼식 – 結婚式
② 참석 – 參席
③ 행복 – 幸福
④ 기원 – 起源

4. 다음은 정보공개 청구권자에 대한 자료이다. 이 자료에서 잘못 쓰여진 글자는 모두 몇 개인가?

정보공개 청구권자

○ 모든 국민
  • 미성년자, 재외국민, 수형인 등 포함
  • 미성년자에 의한 공개청구에 대하여 법률상 별도의 규정이 없으나, 일반적으로 미성년자는 사법상의 무능력자로서 단독으로는 완전한 법률행위가 불가능하다. 그러나 무능력자의 범위는 대체로 재산보호를 위해 설정된 것이며, 정보공개와 같은 성질의 행위는 다음과 같은 경우에는 가능하다고 본다.
    −중학생 이하 : 비용부담능력이 없기 때문에 단독으로 청구하는 것은 인정하지 않으며, 친권자 등 법정대시인에 의한 청구가 가능
    −고등학생 이상 : 공개제도의 취지, 내용 등에 대하여 충분히 이해가 가능하고 비용부담능력이 있다고 판단되므로 단독청구 가능
○ 법인
  • 사법상의 사단법인 · 재란법인, 공법상의 법인(자치단체 포함), 정부투기기관, 정부출연기관 등
  • 법인격 없는 단체나 기관 포함
○ 외국인
  • 국내에 일정한 주소를 두고 거주하는 자
  • 학술 · 연구를 위하여 일시적으로 체유하는 자
  • 국내에 사무소를 두고 있는 법인 또는 단체
※ 제외대상 : 외국거주자(개인, 법인), 국내 불법체류 외국인 등

---

① 1개　　　　　② 2개
③ 3개　　　　　④ 4개

5. 다음 글의 내용을 참고할 때, 빈칸에 들어갈 말로 가장 적절하지 않은 것은?

> 2014년 7월부터 65세 이상 노인의 70%를 대상으로 기초연금제도가 시행되고 있다. 기초연금은 기존 기초노령연금과 비교할 때 급여액이 최대 2배 상향되었고, 이는 기존 2028년으로 예정되어 있었던 급여 인상 스케줄을 약 15년 앞당겼다는 점에서 우리나라의 높은 노인 빈곤 해소 및 노인들의 생활안정에 기여할 것으로 기대되고 있다.
>
> 이러한 기초연금이 제도의 본래 목적을 잘 달성하고 있는지, 또한 기초연금 수급자에게 미치는 영향이나 효과는 어떠한지 제도가 시행된 지 현 시점에서 검토하고 평가할 필요가 있다. 보다 구체적으로는 (   ) 등이 그 예가 될 수 있겠다.
>
> 분석결과, 기초연금 도입을 통해 소득이 증가하고 지출이 증가하는 등 수급자들의 가계경제가 안정되었으며, 이외에도 기초연금은 수급자들에게 생활이 안정되면서 심리적으로도 안정되고 가족들과의 관계에서도 당당함을 느낄 뿐 아니라 사회로부터 존중받는 느낌을 받는 등 긍정적인 역할을 하고 있다는 것을 확인하였다. 또한 수급자들이 느끼는 일상생활에서의 만족과 우울, 행복 수준에 대해서도 긍정적인 영향을 미치고 있었으며 사회적 관계가 더 좋아졌고 미래를 긍정적으로 생각할 수 있도록 도움을 주고 있다는 점을 확인할 수 있었다.

① 노인의 소득이 증가하면서 그에 따라 수급자들의 지출이 증가하였는지

② 기초연금제도에 대한 만족도와 같은 수급자들의 평가는 어떠한지

③ 기초연금이 생활에 얼마나 도움을 주고 있는지

④ 기초연금 수급으로 인해 자녀들의 부양비용이 얼마나 감소되었는지

6. 다음에 주어진 자료를 활용하여 '능률적인 업무 처리 방법 모색'에 대한 기획안을 구상하였다. 적절하지 않은 것은?

> (가) 한 나무꾼이 땔감을 구하기 위해 열심히 나무를 베고 있었는데 갈수록 힘만 들고 나무는 잘 베어지지 않았다. 도끼날이 무뎌진 것을 알아채지 못한 것이다. 나무꾼은 지칠 때까지 힘들게 나무를 베다가 결국 바닥에 드러눕고 말았다.
>
> (나) 펜을 떼지 말고 한 번에 점선을 모두 이으시오. (단, 이미 지난 선은 다시 지날 수 없다.)

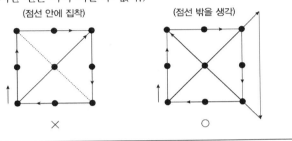

(점선 안에 집착)   ×
(점선 밖을 생각)   ○

(가)		(나)
날이 무딘 도끼로 나무를 베는 것은 비능률적인 일이다.	자료해석	점선 안에만 집착하면 문제를 해결하지 못한다.
↓ ①	↓	↓ ②
근본적인 원인을 찾아야 문제를 해결할 수 있다.	의미추출	고정된 사고의 틀을 벗어나는 창의적 발상이 필요하다.
↓	↓	
끈기 있게 노력하지 않고 좋은 결과를 바라는 업무 태도를 개선하는 데 적용한다. ③	적용 대상 모색	고정 관념에 빠져 새로운 문제 해결 방안을 모색하지 못하는 업무 태도를 개선하는 데 적용한다. ④

↓

주제 발견 : 문제의 진단과 해결 방안의 모색

7. 다음은 시공업체 선정 공고문의 일부이다. 이를 통해 알 수 있는 경쟁 매매 방식에 대한 적절한 설명을 모두 고른 것은?

시공업체 공고문

공고 제2016-5호

○○기업의 사원연수원 설치에 참여할 시공업체를 다음과 같이 선정하고자 합니다.
1. 사업명 : ○○기업의 사원연수원 설치 시공업체 선정
2. 참가조건 : △△ 지역 건설업체로 최근 2년 이내에 기업 연수원 설치 참여 기업
3. 사업개요 : ○○기업 홈페이지 공지사항 참고
4. 기타 : 유찰 시에는 시공업체 선정을 재공고 할 수 있음

㉠ 입찰 참가자는 주로 서면으로 신청한다.
㉡ 최저 가격을 제시한 신청자가 선정된다.
㉢ 신속하게 처리하기 위한 경매에 해당한다.
㉣ 판매자와 구매자 간 동시 경쟁으로 가격이 결정된다.

---

① ㉠㉡   ② ㉠㉢

③ ㉡㉢   ④ ㉢㉣

8. 다음은 (주)○○의 자금 조달에 관한 대화이다. 이 대화에서 재무 팀장의 제시안을 시행할 경우 나타날 상황으로 적절한 것을 모두 고른 것은?

사장 : 독자적인 신기술 개발로 인한 지식 재산권 취득으로 생산 시설 확충 자금이 필요합니다.
사원 : 주식이나 채권발행이 좋을 것 같습니다.
재무팀장 : 지식 재산권 취득으로 본사에 대한 인지도가 높아졌기 때문에 보통주 발행이 유리합니다.

㉠ 자기 자본이 증가하게 된다.
㉡ 이자 부담이 증가하게 된다.
㉢ 투자자에게 경영 참가권을 주어야 한다.
㉣ 투자자에게 원금 상환 의무를 지게 된다.

---

① ㉠㉡   ② ㉠㉢

③ ㉡㉢   ④ ㉢㉣

▌9~10▐ 다음 글을 읽고 물음에 답하시오.

최근 국제 시장에서 원유(原油) 가격이 가파르게 오르면서 세계 경제를 크게 위협하고 있다. 기름 한 방울 나지 않는 나라에 살고 있는 우리로서는 매우 어려운 상황이 아닐 수 없다. 에너지 자원을 적극적으로 개발하고, 다른 한편으로는 에너지 절약을 생활화해서 이 어려움을 슬기롭게 극복해야만 한다.

다행히 우리는 1970년대 초부터 원자력 발전소 건설을 적극적으로 추진해 왔다. 그 결과 현재 원자력 발전소에서 생산하는 전력이 전체 전력 생산량의 약 40퍼센트를 차지하고 있다. 원자력을 주요 에너지 자원으로 활용함으로써 우리는 석유, 석탄, 가스와 같은 천연 자원에 대한 의존도를 어느 정도 낮출 수 있게 되었다.

그러나 그 정도로는 턱없이 부족하다. 전체 에너지 자원의 97퍼센트를 수입하는 우리는 절약을 생활화하지 않으면 안 된다. 많은 국민들은 아직도 '설마 전기가 어떻게 되랴.'하는 막연한 생각을 하면서 살고 있다. 한여름에도 찬 기운을 느낄 정도로 에어컨을 켜 놓은 곳도 많다. 이것은 지나친 에너지 낭비이다. 여름철 냉방(冷房) 온도를 1도만 높이면 약 2조 5천억 원의 건설비가 들어가는 원자로 1기를 덜 지어도 된다. ㉠'절약이 곧 생산'인 것이다.

에너지를 절약하는 방법에는 여러 가지가 있다. 가까운 거리는 걸어서 다니기, 승용차 대신 대중교통이나 자전거 이용하기, 에너지 절약형 가전제품 쓰기, 승용차 요일제 참여하기, 적정 냉·난방 온도 지키기, 사용하지 않는 가전제품의 플러그 뽑기 등이 모두 에너지를 절약하는 방법이다.

또, 에너지 절약 운동은 일회성으로 그쳐서는 안 된다. 그것은 반복적이고 지속적으로 실천해야만 할 과제이다. 국가적 어려움을 극복하기 위해서는 얼마간의 개인적 불편을 기꺼이 받아들이겠다는 마음가짐이 필요하다.

㉡에너지 절약은 더 이상 선택 사항이 아니다. 그것은 생존과 직결되므로 반드시 실천해야 할 사항이다. 고유가(高油價) 시대를 극복하기 위해서는 우리 모두 허리띠를 졸라매는 것 외에는 다른 방법이 없다. 당장 에어컨보다 선풍기를 사용해서 전기 절약을 생활화해 보자. 온 국민이 지혜를 모으고 에너지 절약에 적극적으로 동참한다면 우리는 이 어려움을 슬기롭게 극복할 수 있을 것이다.

9. ㉠에 담긴 의미로 적절한 것은?

① 절약을 하게 되면 생산이 감소한다.

② 절약으로 전력 생산량을 증가시킨다.

③ 절약은 절약일 뿐 생산과는 관련이 없다.

④ 절약하면 불필요한 생산을 하지 않아도 된다.

10. ⓛ에 대한 반응으로 가장 적절한 것은?

① 새로운 에너지 개발은 불가능하다.

② 에너지 절약 제품이 더 비싸질 것이다.

③ 에너지가 풍부할 때 실컷 사용해야 한다.

④ 에너지 절약은 생존의 문제이므로 꼭 실천해야 한다.

11. 표는 A씨의 금융 상품별 투자 보유 비중 변화를 나타낸 것이다. (가)에서 (나)로 변경된 내용으로 옳은 설명을 고르면?

금융 상품		(가)	(나)
		보유 비중(%)	
주식	○○(주)	30	20
	△△(주)	20	0
저축	보통예금	10	20
	정기적금	20	20
채권	국·공채	20	40

ⓐ 직접금융 종류에 해당하는 상품 투자 보유 비중이 낮아졌다.

ⓑ 수익성보다 안정성이 높은 상품 투자 보유 비중이 높아졌다.

ⓒ 배당 수익을 받을 수 있는 자본 증권 투자 보유 비중이 높아졌다.

ⓓ 일정 기간 동안 일정 금액을 예치하는 예금 보유 비중이 낮아졌다.

① ⓐⓑ

② ⓐⓒ

③ ⓑⓒ

④ ⓑⓓ

12. 다음은 재해복구사업에 관한 내용이다. 이를 이해한 내용으로 옳지 않은 것은?

1. 목적 : 풍수해로 인한 수리시설 및 방조제를 신속히 복구하여 안전영농 실현
2. 근거법령 : 자연재해대책법 제46조(재해복구계획의 수립·시행)
3. 사업시행자
   - 복구계획 : 시장·군수 책임 하에 시행
     - 시·군관리 수리시설 : 시장·군수
     - 공사(公社)관리 수리시설 : 공사 사장
   - 하천, 도로, 수리시설, 농경지 복구를 2개 사업 이상 동시에 하여야 할 경우는 시장·군수가 주된 실시자를 지정하여 통합실시 가능
4. 재원 : 국고(70%), 지방비(30%)
   - 국고(70%) : 재해대책예비비(기획재정부) – 피해 발생시 소관 부처로 긴급배정
   - 지방비(30%) : 지자체(시·도 및 시·군)별로 재해대책기금 자체 조성
5. 사업(지원) 대상 : 1개소의 피해액이 3천만 원 이상이고, 복구액이 5천만 원 이상인 경우 지원
6. 추진방향
   - 국자재원 부담능력을 고려, 기능복원 원칙을 유지
     - 기능복원사업 : 본래 기능을 유지할 수 있도록 현지여건에 맞추어 복원
     - 개선복구사업 : 피해 발생 원인을 근원적으로 해소하거나 피해 시설의 기능을 개선
   - 모든 사업은 가능한 당해 연도에 마무리 되도록 하고, 규모가 큰 시설은 다음 영농기 이전까지 복구 완료
   - 홍수량 배제능력이 부족한 저수지 등의 주요시설 복구는 개선복구를 원칙
   - 유실·매몰 피해 농경지가 대규모인 곳은 가능한 경지정리 사업과 병행하여 복구하고, 도로 및 하천과 농경지가 같은 피해를 입은 지역은 동시 시행계획을 수립하여 종합 개발 방식으로 복구(소관청별 사업비는 구분)
   - 행정절차는 간소화하고 복구공사를 선 착공

① 피해액이 3천만 원이고, 복구액이 4천만 원인 경우는 지원대상이 아니다.

② 하천과 농경지 복구의 2개 사업을 동시에 해야 되는 경우에는 통합실시가 가능하다.

③ 재원이 국고인 경우에는 기획재정부가 예산을 배정한다.

④ 국가재원 부담능력을 고려하여 예외 없이 모든 재해복구는 기능복원을 원칙으로 한다.

도서출판 서원각에 근무하는 K씨는 고객으로부터 9급 건축직 공무원 추천도서를 요청받았다. K씨는 도서를 추천하기 위해 다음과 같은 9급 건축직 발행도서의 종류와 특성을 참고하였다.

K씨 : 감사합니다. 도서출판 서원각입니다.

고객 : 9급 공무원 건축직 관련 도서 추천을 좀 받고 싶습니다.

K씨 : 네, 어떤 종류의 도서를 원하십니까?

고객 : 저는 기본적으로 이론은 대학에서 전공을 했습니다. 그래서 많은 예상문제를 풀 수 있는 것이 좋습니다.

K씨 : 아. 문제가 많은 것이라면 딱 잘라서 말씀드리기가 어렵습니다.

고객 : 알아요. 그래도 적당히 가격도 그리 높지 않고 예상문제가 많이 들어 있는 것이면 됩니다.

K씨 : 네. 알겠습니다. 많은 예상문제풀이가 가능한 것 외에는 다른 필요한 사항은 없으십니까?

고객 : 가급적이면 20,000원 이하가 좋을 듯 합니다.

도서명	예상문제 문항 수	기출 문제 수	이론 유무	가격	재고
실력평가 모의고사	400	120	무	18,000	100
전공문제집	500	160	유	25,000	200
문제완성	600	40	무	20,000	300
합격선언	300	200	유	24,000	100

13. 다음 중 K씨가 고객의 요구에 맞는 도서를 추천해 주기 위해 가장 우선적으로 고려해야 하는 특성은 무엇인가?

① 기출문제 수　　　　② 이론 유무

③ 가격　　　　　　　④ 예상문제 문항 수

14. 고객의 요구를 종합적으로 반영하였을 때 많은 문제와 가격을 맞춘 가장 적당한 도서는?

① 실력평가모의고사　　② 전공문제집

③ 문제완성　　　　　　④ 합격선언

15. 다음은 고령화 시대의 노인 복지 문제라는 제목으로 글을 쓰기 위해 수집한 자료이다. 자료를 모두 종합하여 설정할 수 있는 논지 전개 방향으로 가장 적절한 것은?

㉠ 노령화 지수 추이(통계청)

연도	1990	2000	2010	2020	2030
노령화 지수	20.0	34.3	62.0	109.0	186.6

※ 노령화 지수 : 유년인구 100명당 노령인구

㉡ 경제 활동 인구 한 명당 노인 부양 부담이 크게 증가할 것으로 예상된다. 노인 인구에 대한 의료비 증가로 건강 보험 재정도 위기 상황에 처할 수 있을 것으로 보인다. 향후 노인 요양 시설 및 재가(在家) 서비스를 위해 부담해야 할 투자비용도 막대하다.

－ 00월 00일 ○○뉴스 중

㉢ 연금 보험이나 의료 보험 같은 혜택도 중요하지만 우리 같은 노인이 경제적으로 독립할 수 있도록 일자리를 만들어 주는 것이 더 중요한 것 같습니다.

－ 정년 퇴직자의 인터뷰 중 －

① 노인 인구의 증가 속도에 맞춰 노인 복지 예산 마련이 시급한 상황이다. 노인 복지 예산을 마련하기 위한 구체적 방안은 무엇인가?

② 노인 인구의 급격한 증가로 여러 가지 사회 문제가 나타날 것으로 예상된다. 이러한 상황의 심각성을 사람들에게 어떻게 인식시킬 것인가?

③ 노인 인구의 증가가 예상되면서 노인 복지 대책 또한 절실히 요구되고 있다. 이러한 상황에서 노인 복지 정책의 바람직한 방향은 무엇인가?

④ 노인 인구가 증가하면서 노인 복지 정책에 대한 노인들의 불만도 높아지고 있다. 이러한 불만을 해소하기 위해서 정부는 어떠한 노력을 해야 하는가?

16. 다음 ㉠~㉣을 고쳐 쓰기 위한 방안으로 적절하지 않은 것은?

> 매년 장마철이면 한강에서 ㉠수만 마리의 물고기가 떼죽음을 당합니다. 공장폐수와 생활하수를 흘려보내는 시민들의 탓만은 아닙니다. ㉡그래서 자연은 더 이상 인간의 무분별한 파괴를 너그럽게 ㉢묵인해주지 않습니다. ㉣또한 장마로 인한 호우 피해의 복구 또한 제대로 이뤄지지 않고 있습니다. 우리 모두가 사태의 심각성을 깨닫고, 자연과 조화하는 삶의 태도를 지녀야 합니다.

① ㉠의 '마리'는 수를 세는 단위이므로 붙여 써야겠어.
② ㉡은 접속어의 사용이 잘못되어 문장의 연결이 어색해. '하지만'으로 고치는 게 좋겠어.
③ ㉢은 '모르는 체하고 하려는 대로 내버려 둠으로써 슬며시 인정함'이라는 뜻으로 단어의 사용이 잘못되었어.
④ ㉣은 글의 통일성을 저해하니 삭제해야겠어.

17. 다음 대화 중 주체 높임 표현이 쓰이지 않은 것은?

> 경미 : 원장 선생님께서는 어디 가셨나요?
> ㉠ 서윤 : 독감 때문에 병원에 가신다고 아까 나가셨어요.
> ㉡ 경미 : 맞다. 며칠 전부터 편찮으시다고 하셨지.
> ㉢ 서윤 : 연세가 많으셔서 더 힘드신가 봐요.
> ㉣ 경미 : 요즘은 약이 좋아져서 독감도 쉽게 낫는다고 하니 다행이지요.

① ㉠   ② ㉡
③ ㉢   ④ ㉣

18. 다음 글을 읽고 김 실장이 인도에의 진출을 반대한 이유로 가장 적절한 것은?

> 이 차장은 시장조사를 하다가 가구의 수와 가구의 생애주기 단계는 현재와 미래의 제품과 서비스 수요에 상당한 영향력을 발휘함을 알게 되었다. 2012년 전 세계의 가구당 평균 인원은 3.5명이다. 인도, 아시아 개도국, 북아프리카와 중동 등 평균 출생률이 높고 젊은 층의 인구가 많으며, 교육 수준이 낮은 지역은 가구당 평균 인원이 많다. 그리고 일반적으로 인구가 많은 수도권 부근이 그 외의 지역에 비해서 훨씬 더 많은 소비가 나타나고 있다는 것을 보았을 때, 향후 인구가 급속하게 늘어날 것으로 예상되는 인도시장에 빨리 진출해야 한다고 생각했다. 한편, 김 실장은 향후 전 세계적으로 두드러진 트렌드 중 하나인 자녀 없는 가구, 즉 19세 미만의 가족 구성원이 없는 가구의 수가 늘어난다는 사실을 알게 되었다. 자녀가 없는 소규모 가구로의 편중 현상은 휴양, 여행, 건강관리, 외식 등 재량 소비 증가의 주된 원인이 될 것이다. 10가구 중 9가구가 자녀가 있는 인도와 달리 2012년 기준 중국 가구의 53%가 자녀가 없고, 통계 자료에 따르면 2032년 그 비율은 63%에 달한다. 최근 몇 년 동안 중국 소비 시장에서 재량 소비가 빠르게 증가하고 있는 이유가 여기에 있는 것이다. 이 차장이 인도시장 선점을 제안했을 때, 김 실장은 고개를 저었다.

① 이 차장은 젊은 층의 소비행태를 간과하였다.
② 국내 시장을 선점하기 전에 해외시장 진출은 무모하다.
③ 인도의 중산층 가구의 급속한 부상을 고려하지 않은 전략이다.
④ 근로자 1인당 부양가족 수가 많아지면 저축을 하거나 재량 소비를 늘릴 여력이 없다.

19. 다음 안내사항을 바르게 이해한 것은?

> 2015년 5월 1일부터 변경되는 "건강보험 임신·출산 진료비 지원제도"를 다음과 같이 알려드립니다.
> 건강보험 임신·출산 진료비 지원제도란 임신 및 출산에 관련한 진료비를 지불할 수 있는 이용권(국민행복카드)을 제공하여 출산 친화적 환경을 조성하기 위해 건강보험공단에서 지원하는 제도입니다.
> • 지원금액 : 임신 1회당 50만원(다태아 임신부 70만원)
> • 지원방법 : 지정요양기관에서 이용권 제시 후 결제
> • 지원기간 : 이용권 수령일~분만예정일+60일
> 가. 시행일 : 2015.5.1.
> 나. 주요내용
> (1) '15.5.1. 신청자부터 건강보험 임신·출산 진료비가 국민행복카드로 지원
> (2) 건강보험 임신·출산 진료비 지원 신청 장소 변경
> (3) 지원금 승인코드 일원화(의료기관, 한방기관 : 38코드)
> (4) 관련 서식 변경
> - 변경서식 : 건강보험 임신·출산 진료비 지원 신청 및 확인서 (별지 2호 서식)
> - 변경내용 : 카드구분 폐지

① 건강보험 임신·출산 진료비 지원제도는 연금공단에서 지원하는 제도이다.

② 임신지원금은 모두 동일하게 일괄 50만원이 지급된다.

③ 지원금 승인코드는 의·한방기관 모두 '38'코드로 일원화된다.

④ 지원기간은 이용권 수령일로부터 분만예정일까지이며 신청자에 한해서 기간이 연장된다.

20. ○○은행에서 창구업무를 보던 도중 한 고객이 입금하려던 예금액 500만 원이 분실되었다. 경찰은 3명의 용의자 A, B, C를 검거하였다. 그러나 세 명의 용의자는 하나같이 자신이 범인이 아니라고 했지만 셋 중 하나가 범인임에 틀림없다. 세 사람이 각각 진술한 3개의 진술 중 하나의 진술은 참이고, 나머지는 거짓이다. 다음 중 범인과 참인 진술로 바르게 짝지어진 것은?

> A의 진술
> ㉠ B가 범인이다.
> ㉡ 우리 집에는 사과가 많이 있다.
> ㉢ 나는 C를 몇 번 만난 적이 있다.
> B의 진술
> ㉠ 내가 범인이다.
> ㉡ A의 두 번째 말은 거짓이다.
> ㉢ A와 C는 한 번도 만난 적이 없다.
> C의 진술
> ㉠ A가 범인이다.
> ㉡ B의 두 번째 말은 진실이다.
> ㉢ 나는 A를 한 번도 만난 적이 없다.

① 범인은 C, 참인 진술은 A의 ㉢ - B의 ㉡

② 범인은 A, 참인 진술은 A의 ㉡ - C의 ㉠

③ 범인은 C, 참인 진술은 C의 ㉡ - B의 ㉢

④ 범인은 B, 참인 진술은 A의 ㉢ - C의 ㉢

21. T 음료회사는 신제품 출시를 위해 시제품 3개를 만들어 전 직원을 대상으로 블라인드 테스트를 진행한 후 기획팀에서 회의를 하기로 했다. 독창성, 대중성, 개인선호도 세 가지 영역에 총 15점 만점으로 진행된 테스트 결과가 다음과 같을 때, 기획팀 직원들의 발언으로 옳지 않은 것은?

	독창성	대중성	개인선호도	총점
시제품 A	5	2	3	10
시제품 B	4	4	4	12
시제품 C	2	5	5	12

① 우리 회사의 핵심가치 중 하나가 창의성 아닙니까? 저는 독창성 점수가 높은 A를 출시해야 한다고 생각합니다.

② 독창성이 높아질수록 총점이 낮아지는 것을 보지 못하십니까? 저는 그 의견에 반대합니다.

③ 무엇보다 현 시점에서 회사의 재정상황을 타개하기 위해서는 대중성을 고려하여 높은 이윤이 날 것으로 보이는 C를 출시해야 하지 않겠습니까?

④ 저도 대중성과 개인 선호도가 높은 C를 출시해야 한다고 생각합니다.

22. 다음 중 *A*, *B*, *C*, *D* 네 명이 파티에 참석하였다. 그들의 직업은 각각 교사, 변호사, 의사, 경찰 중 하나이다. 다음 내용을 읽고 〈보기〉의 내용이 참, 거짓 또는 알 수 없음을 판단하면?

> ① *A*는 교사와 만났지만, *D*와는 만나지 않았다.
> ② *B*는 의사와 경찰을 만났다.
> ③ *C*는 의사를 만나지 않았다.
> ④ *D*는 경찰과 만났다.

〈보기〉
> ㉠ *C*는 변호사이다.
> ㉡ 의사와 경찰은 파티장에서 만났다.

① ㉠과 ㉡ 모두 참이다.
② ㉠과 ㉡ 모두 거짓이다.
③ ㉠만 참이다.
④ ㉡만 참이다.

23. 다음 조건을 읽고 옳은 설명을 고르시오.

> • 수학을 못하는 사람은 영어도 못한다.
> • 국어를 못하는 사람은 미술도 못한다.
> • 영어를 잘하는 사람은 미술도 잘한다.

> A : 수학을 잘하는 사람은 영어를 잘한다.
> B : 영어를 잘하는 사람은 국어를 잘한다.

① A만 옳다.
② B만 옳다.
③ A와 B 모두 옳다.
④ A와 B 모두 그르다.

24. 다음 〈상황〉과 〈조건〉을 근거로 판단할 때 옳은 것은?

〈상황〉
> A대학교 보건소에서는 4월 1일(월)부터 한 달 동안 재학생을 대상으로 금연교육 4회, 금주교육 3회, 성교육 2회를 실시하려는 계획을 가지고 있다.

〈조건〉
> • 금연교육은 정해진 같은 요일에만 주 1회 실시하고, 화, 수, 목요일 중에 해야 한다.
> • 금주교육은 월요일과 금요일을 제외한 다른 요일에 시행하며, 주 2회 이상은 실시하지 않는다.
> • 성교육은 4월 10일 이전, 같은 주에 이틀 연속으로 실시한다.
> • 4월 22일부터 26일까지 중간고사 기간이고, 이 기간에 보건소는 어떠한 교육도 실시할 수 없다.
> • 보건소의 교육은 하루에 하나만 실시할 수 있고, 토요일과 일요일에는 교육을 실시할 수 없다.
> • 보건소는 계획한 모든 교육을 반드시 4월에 완료하여야 한다.

① 금연교육이 가능한 요일은 화요일과 수요일이다.
② 4월 30일에도 교육이 있다.
③ 금주교육은 4월 마지막 주에도 실시된다.
④ 성교육이 가능한 일정 조합은 두 가지 이상이다.

25. 다음 진술이 참이 되기 위해 꼭 필요한 전제를 〈보기〉에서 고르면?

> 반장은 반에서 인기가 많다.

〈보기〉
> ㉠ 머리가 좋은 친구 중 몇 명은 반에서 인기가 많다.
> ㉡ 얼굴이 예쁜 친구 중 몇 명은 반에서 인기가 많다.
> ㉢ 반장은 머리가 좋다.
> ㉣ 반장은 얼굴이 예쁘다.
> ㉤ 머리가 좋거나 얼굴이 예쁘면 반에서 인기가 많다.
> ㉥ 머리가 좋고 얼굴이 예쁘면 반에서 인기가 많다.

① ㉠㉢
② ㉡㉣
③ ㉢㉥
④ ㉣㉤

26. 다음 조건을 바탕으로 김 대리가 월차를 쓰기에 가장 적절한 날은 언제인가?

> ㉠ 김 대리는 반드시 이번 주에 월차를 쓸 것이다.
> ㉡ 김 대리는 실장님 또는 팀장님과 같은 날, 또는 공휴일에 월차를 쓸 수 없다.
> ㉢ 팀장님이 월요일에 월차를 쓴다고 하였다.
> ㉣ 실장님이 김 대리에게 우선권을 주어 월차를 쓸 수 있는 요일이 수, 목, 금이 되었다.
> ㉤ 김 대리는 5일에 붙여서 월차를 쓰기로 하였다.
> ㉥ 이번 주 5일은 공휴일이며, 주중에 있다.

① 월요일
② 화요일
③ 수요일
④ 목요일

27. $A \sim G$ 7명이 저녁식사를 하고, 서울역에서 모두 지하철 1호선 또는 4호선을 타고 귀가하였다. 그런데 이들이 귀가하는데 다음과 같은 조건을 따랐다고 할 때, A가 1호선을 이용하지 않았다면, 다음 중 가능하지 않은 것은?

> ㉠ 1호선을 이용한 사람은 많아야 3명이다.
> ㉡ A는 D와 같은 호선을 이용하지 않았다.
> ㉢ F는 G와 같은 호선을 이용하지 않았다.
> ㉣ B는 D와 같은 호선을 이용하였다.

① B는 지하철 1호선을 탔다.
② C는 지하철 4호선을 탔다.
③ E는 지하철 1호선을 탔다.
④ F는 지하철 1호선을 탔다.

28. 일정한 규칙을 찾아 빈칸에 들어갈 알맞은 숫자를 고르시오.

1 1 4 10 28 ( ) 208 568

① 51
② 60
③ 76
④ 82

29. 다음 식의 결과로 옳은 것은?

$$\frac{1}{20} + \frac{1}{30} + \frac{1}{42} + \frac{1}{56} + \frac{1}{72}$$

① $\dfrac{2}{49}$
② $\dfrac{3}{55}$
③ $\dfrac{5}{36}$
④ $\dfrac{5}{63}$

30. 아버지가 9만 원을 나눠서 세 아들에게 용돈을 주려고 한다. 첫째 아들과 둘째 아들은 2:1, 둘째 아들과 막내아들은 5:3의 비율로 주려고 한다면 막내아들이 받는 용돈은 얼마인가?

① 12,000원
② 13,000원
③ 14,000원
④ 15,000원

31. 다음은 국민연금 보험료를 산정하기 위한 소득월액 산정 방법에 대한 설명이다. 다음 설명을 참고할 때, 김갑동 씨의 신고 소득월액은 얼마인가?

> 소득월액은 입사(복직) 시점에 따른 근로자간 신고 소득월액 차등이 발생하지 않도록 입사(복직) 당시 약정되어 있는 급여 항목에 대한 1년치 소득총액에 대하여 30일로 환산하여 결정하며, 다음과 같은 계산 방식을 적용한다.
> • 소득월액 = 입사(복직) 당시 지급이 약정된 각 급여 항목에 대한 1년간 소득총액 ÷ 365 × 30

> 〈김갑동 씨의 급여 내역〉
> • 기본급 : 1,000,000원
> • 교통비 : 월 100,000원
> • 고정 시간외 수당 : 월 200,000원
> • 분기별 상여금 : 기본급의 100%(1, 4, 7, 10월 지급)
> • 하계휴가비(매년 7월 지급) : 500,000원

① 1,645,660원
② 1,652,055원
③ 1,668,900원
④ 1,727,050원

32. 4명의 회의 참석자가 일렬로 테이블에 앉았다. 각 좌석에 이름표를 붙여놓아 자리가 지정되어 있었으나 참석자들은 그 사실을 모르고 그냥 마음대로 자리에 앉았다. 이런 경우 한 명만 정해진 자신의 자리에 앉고, 나머지 세 명은 자신의 자리에 앉지 않게 될 경우의 수를 구하면?

① 4가지   ② 6가지
③ 8가지   ④ 10가지

33. 다음은 과거 우리나라의 연도별 국제 수지표이다. 이에 대한 설명으로 옳은 것을 〈보기〉에서 고른 것은?

항목 \ 연도	2012년	2013년	2014년
(가)	-35억 달러	-28억 달러	-1억 달러
상품수지	-30억 달러	-20억 달러	7억 달러
서비스수지	-10억 달러	-5억 달러	-12억 달러
(나)	10억 달러	-13억 달러	5억 달러
이전소득수지	5억 달러	10억 달러	-1억 달러
자본·금융계정	17억 달러	15억 달러	15억 달러
자본수지	5억 달러	7억 달러	-3억 달러
금융계정	12억 달러	8억 달러	18억 달러

※ 소득수지는 본원소득수지로, 경상이전수지는 이전소득수지로, 자본수지는 자본금융계정으로, 기타자본수지는 자본수지로, 투자수지는 금융계정으로 변경하여 현재 사용하고 있음.

〈보기〉
㉠ (가)의 적자가 지속되면 국내 통화량이 증가하여 인플레이션이 발생할 수 있다.
㉡ 국내 기업이 보유하고 있는 외국인의 배당금을 해외로 송금하면 (나)에 영향을 미친다.
㉢ 국내 기업이 외국에 주식을 투자할 경우 영향을 미치는 수지는 흑자가 지속되고 있다.
㉣ 외국 기업이 보유한 특허권 이용료 지불이 영향을 미치는 수지는 흑자가 지속되고 있다.

① ㉠㉡   ② ㉠㉢
③ ㉡㉢   ④ ㉢㉣

34. 다음 표는 4개 고등학교의 대학진학 희망자의 학과별 비율(상단)과 그중 희망대로 진학한 학생의 비율(하단)을 나타낸 것이다. 이 표를 보고 추론한 내용으로 올바른 것은?

고등학교	국문학과	경제학과	법학과	기타	진학 희망자수
A	(60%) 20%	(10%) 10%	(20%) 30%	(10%) 40%	700명
B	(50%) 10%	(20%) 30%	(40%) 30%	(20%) 30%	500명
C	(20%) 35%	(50%) 40%	(40%) 15%	(60%) 10%	300명
D	(5%) 30%	(25%) 25%	(80%) 20%	(30%) 20%	400명

가. B고와 D고 중에서 경제학과에 합격한 학생은 D고가 많다.
나. A고에서 법학과에 합격한 학생은 40명보다 많고, C고에서 국문학과에 합격한 학생은 20명보다 적다.
다. 국문학과에 진학한 학생들이 많은 순서대로 세우면 A고→B고→C고→D고 순서가 나온다.

① 가   ② 나
③ 다   ④ 가, 나

35. 다음은 영·유아 수별 1인당 양육비 현황에 대한 표이다. 이를 보고 바르게 해석하지 못한 것은?

구분 \ 가구	영·유아 1인 가구	영·유아 2인 가구	영·유아 3인 가구
소비 지출액	2,141,000원	2,268,000원	2,360,000원
1인당 양육비	852,000원	662,000원	529,000원
총양육비	852,000원	1,324,000원	1,587,000원
소비 지출액 대비 총양육비 비율	39.8%	55.5%	69.0%

① 영·유아 수가 많은 가구일수록 1인당 양육비가 감소한다.
② 1인당 양육비는 영·유아가 3인 가구인 경우에 가장 많다.
③ 소비 지출액 대비 총양육비 비율은 영·유아 1인 가구인 경우에 가장 낮다.
④ 영·유아 1인 가구의 총양육비는 영·유아 3인 가구의 총양육비의 절반을 넘는다.

발신인	(주)바디버디 권○○ 대리
수신인	갑, 을, 병, 정
내용	안녕하세요! (주)바디버디 권○○ 대리입니다. 올해 상반기 업계 매출 1위 달성을 기념하여 현재 특별 프로모션이 진행되고 있습니다. 이번 기회가 기업용 안마의자를 합리적인 가격으로 구입하실 수 있는 가장 좋은 시기라고 여겨집니다. 아래에 첨부한 설명서와 견적서를 꼼꼼히 살펴보시고 궁금한 사항에 대해서 언제든 문의하시기 바랍니다.
첨부파일	구매 관련 설명서 #1, #2, 견적서 #3, #4, #5

구매 관련 설명서 #1

구분	리스	현금구입(할부)
기기명의	리스회사	구입자
실 운영자	리스이용자(임대인)	구입자
중도 해약	가능	–
부가가치세	면세 거래	–
기간 만료	반납/매입/재 리스	–

구매 관련 설명서 #2

- 절세 효과 : 개인 사업자 및 법인 사업자는 매년 소득에 대한 세금을 납부합니다. 이때, 신고, 소득에 대한 과세대상금액에서 리스료(리스회사에 매월 불입하는 불입금)전액을 임차료 성격으로서 제외시킬 수 있습니다. (법인세법상 리스료의 비용인정 - 법인세법 제18조에 의거 사업용 자산에 대한 임차료로 보아 필요경비로 인정함.)

적용세율(주민세 포함)			
법인 사업자		개인 사업자	
과세표준 구간	적용세율	과세표준구간	적용 세율
2억 이하	11.2%	1,200만 원 이하	8.8%
2억 초과	22.4%	1,200만 원 초과 ~4,600만 원 이하	18.7%
		4,600만 원 초과 ~8,800만 원 이하	28.6%
		8,800만 원 초과	38.5%

- 법인 사업자 절세 예시

예를 들어, ○○법인의 작년 매출액이 5억 원이고 비용이 2억8천만 원이라면 ○○법인은 수익 2억2천만 원을 과세표준으로 계산시 2,688만 원의 법인세가 부가됩니다.

과세표준 : 2억 이하 ⇒ 2억 원×11.2%=2,240만 원
과세표준 : 2억 초과 ⇒ 2천만 원×22.4%=448만 원
법인세 총액=2,688만 원

만약 ○○법인이 안마의자 리스를 이용하고 1년간 납부한 총 임대료가 2천만 원이었다면, 수익은 2억 원(⇒2억2천만 원-2천만 원)이 되고, 비용은 3억 원(2억8천만 원+2천만 원)이 됩니다.

이에 따라 수익 2억 원을 과세표준으로 하면 법인세 2,240만 원만 부과되어 448만 원(2,688만 원-2,240만 원=448만 원)의 절세효과를 얻으실 수 있습니다.

이를 통상 리스 약정기간인 3년으로 설정하는 경우 448만 원×3년=1,344만 원의 절세 효과를 얻으실 수 있습니다. 물론 리스 이용료가 크면 클수록 절세효과는 더욱 더 크게 누리실 수 있습니다.

견적서 #3

안마의자	모델명	Body Buddy Royal-7	
	선택사양	STMC-5400	색상

가격/원가 구성

가격 사항	기본가격	25,000,000	리스종류 (기간)	운용리스 (39개월)
	프로모션	3,000,000	등록명의	리스사
	탁송료		약정	39개월
	안마의자 가격(리스 이용금액)	22,000,000	만기처리	반납 / 구매 / 재 리스
초기부담금		2,500,000	월 납입금 (리스료)	39회 690,000
메모	리스 이용 프로모션 3,000,000 리스 이용시 연이율 8% 적용 설치일로부터 18개월 미만 해지시 위약금 - 남은 약정 금액의 20% 설치일로부터 18개월 이후 해지시 위약금 - 남은 약정 금액의 10%			

견적서 #4

안마의자	모델명	Body Buddy Royal-7	
	선택사양	STMC-5400	색상

가격/원가 구성

가격사항	기본가격	25,000,000	할부 기간	39개월
	프로모션	2,400,000	등록명의	개인
	탁송료			
	안마의자 가격(할부 이용금액)	22,600,000		
초기부담금		2,500,000	월 납입금 (할부금)	39회 590,000
메모	할부 이용 프로모션 2,400,000 할부 이용시 연이율 3% 적용, 선수금 10% 오를 시 할부 연이율 0.5% 하락			

견적서 #5

안마의자	모델명	Body Buddy Royal-7	
	선택사양	STMC-5400	색상

가격/원가 구성

가격사항	기본가격	25,000,000
	프로모션	1,800,000
	탁송료	
	안마의자 가격	23,200,000
메모	일시불 프로모션 1,800,000	

36. 개인이 할부로 안마의자를 구입하는 경우 500만 원의 초기비용을 지불하면 연이율은 몇 %가 적용되는가?

① 2.5% ② 3.0%
③ 3.5% ④ 4.0%

37. 법인사업자가 안마의자를 리스로 이용하다가 20개월이 된 시점에서 약정을 해지한다면 위약금은 얼마인가?

① 1,291,000원 ② 1,301,000원
③ 1,311,000원 ④ 1,321,000원

38. 다음은 위험물안전관리자 실무교육현황에 관한 표이다. 표를 보고 이수율을 구하면? (단, 소수 첫째 자리에서 반올림하시오)

실무교육현황별(1)	실무교육현황별(2)	2008
계획인원(명)	소계	5,897.0
이수인원(명)	소계	2,159.0
이수율(%)	소계	x
교육일수(일)	소계	35.02
교육회차(회)	소계	344.0
야간/휴일	교육회차(회)	4.0
교육실시현황	이수인원(명)	35.0

① 36.7 ② 41.9
③ 52.7 ④ 66.5

39. 다음 자료에 대한 옳은 분석을 모두 고른 것은?

구분	물 자원량 (십 억m³)	1인당 물 자원량 (m³)	취수량 (십 억m³)	1인당 취수량 (m³)	용도별 취수 비중(%)		
					생활	공업	농업
인도	1,911	1,614	646	554	8	5	87
중국	2,830	2,117	630	472	7	26	67
미국	3,069	9,943	479	1,553	13	46	41
브라질	8,243	43,304	59	312	20	18	62
오스트레일리아	492	23,593	24	1,146	15	10	75

> ㉠ 중국은 미국보다 1인당 취수량이 많다.
> ㉡ 미국은 인도보다 1인당 농업용수의 취수량이 많다.
> ㉢ 오스트레일리아는 브라질보다 물 자원량에서 차지하는 취수량의 비중이 높다.
> ㉣ 물 자원량이 많은 국가일수록 1인당 물 자원량이 많다.

① ㉠㉡ ② ㉠㉢
③ ㉡㉢ ④ ㉡㉣

다음은 커피 수입 현황에 대한 표이다. 물음에 답하시오.

(단위 : 톤, 천 달러)

구분	연도	2008	2009	2010	2011	2012
생두	중량	97.8	96.9	107.2	116.4	100.2
생두	금액	252.1	234.0	316.1	528.1	365.4
원두	중량	3.1	3.5	4.5	5.4	5.4
원두	금액	37.1	42.2	55.5	90.5	109.8
커피 조제품	중량	6.3	5.0	5.5	8.5	8.9
커피 조제품	금액	42.1	34.6	44.4	98.8	122.4

※ 1) 커피는 생두, 원두, 커피조제품으로만 구분됨
   2) 수입단가 = 금액 / 중량

40. 다음 중 표에 관한 설명으로 가장 적절한 것은?

① 커피전체에 대한 수입금액은 매해마다 증가하고 있다.
② 2011년 생두의 수입단가는 전년의 2배 이상이다.
③ 원두 수입단가는 매해마다 증가하고 있지는 않다.
④ 2012년 커피조제품 수입단가는 2008년의 2배 이상이다.

41. 다음 중 수입단가가 가장 큰 것은?

① 2010년 원두
② 2011년 생두
③ 2012년 원두
④ 2011년 커피조제품

42. 다음은 우리나라의 학력별, 성별 평균 임금을 비교한 표이다. 이에 대한 옳은 분석을 모두 고른 것은? (단, 고졸 평균 임금은 2014년보다 2016년이 많다.)

구분	2014년	2016년
중졸 / 고졸	0.78	0.72
대졸 / 고졸	1.20	1.14
여성 / 남성	0.70	0.60

ⓐ 2016년 중졸 평균 임금은 2014년에 비해 감소하였다.
ⓑ 2016년 여성 평균 임금은 2014년에 비해 10% 감소하였다.
ⓒ 2016년 남성의 평균 임금은 여성 평균 임금의 2배보다 적다.
ⓓ 중졸과 대졸 간 평균 임금의 차이는 2014년보다 2016년이 크다.

① ㉠㉡
② ㉠㉢
③ ㉡㉢
④ ㉢㉣

43. 다음은 다문화 가정 자녀의 취학 현황에 대한 조사표이다. 이 표에 대한 바른 해석으로 가장 적절한 것은?

(단위 : 명, %)

연도	다문화 가정의 취학 학생 수			전체 취학 학생 대비 비율
	국제결혼 가정	외국인 근로자 가정	계	
2010	7,998	836	8,834	0.11
2011	13,445	1,209	14,654	0.19
2012	18,778	1,402	20,180	0.26
2013	24,745	1,270	26,015	0.35
2014	30,040	1,748	31,788	0.44

㉠ 2010년보다 2014년의 전체 취학 학생 수가 더 적다.
㉡ 다문화 가정 자녀의 교육에 대한 지원 필요성이 증가했을 것이다.
㉢ 2013년에 비해 2014년에 다문화 가정의 취학 학생 수는 0.09% 증가하였다.
㉣ 다문화 가정의 자녀 취학에서 외국인 근로자 가정의 자녀 취학이 차지하는 비중은 지속적으로 증가하였다.

① ㉠㉡
② ㉠㉢
③ ㉡㉢
④ ㉡㉣

44. 다음에 제시된 상황을 보고 온라인게시판에 올라와 있는 한 고객의 상담요청을 받은 K가 요청된 내용에 따라 계산한 보증료로 적합한 것은?

보증회사의 회계팀 사원인 K는 신용보증과 관련된 온라인 고객상담 게시판을 담당하며 고객들의 문의사항을 해결하는 업무를 하고 있다.

◀보증심사등급 기준표▶

CCRS기반	SBSS기반	보증료율
K5		1.1%
K6	SB1	1.2%
K7		1.3%
K8	SB2	1.4%
K9	SB3	1.5%

◀보증료율 운용체계▶

① 보증심사 등급별 보증료율	• CCRS 적용기업(K5 ~ K9) • SBSS 적용기업(SB1 ~ SB3)	
② 가산요율	보증비율 미충족	0.2%p
	일부해지기준 미충족	0.4%p
	장기분할해지보증 해지 미이행	0.5%p
	기타	0.1%p ~ 0.6%p
③ 차감요율	0.3%p	장애인 기업, 창업초기기업
	0.2%p	녹색성장산업영위기업, 혁신역량 전파기업, 고용창출기업, 물가안정 모범업소
	0.1%p	혁신형 중소기업, 여성기업, 회계투명성 제고기업
	기타	경쟁력 향상, 창업지원 프로그램 대상 협약보증
④ 조정요율	차감	최대 0.3%p

• 가산요율과 차감요율은 중복적용이 가능하며, 조정요율은 상한선 및 하한선을 넘는 경우에 대해 적용
• 최종 적용 보증료율=①+②-③±④=0.5%(하한선)~2.0% (상한선) (단, 대기업의 상한선은 2.3%로 함)
※ 보증료 계산 : 보증금액×최종 적용 보증료율×보증기간/365

고객 상담 게시판

상담요청 : 보증료 관련 문의

안녕하세요.
저는 조그마한 회사를 운영하고 있는 자영업자입니다.
보증료 계산하는 것에 어려움이 있어 이렇게 질문을 남깁니다.
현재 저희 회사의 보증심사등급은 CCRS 기준 K6입니다.
그리고 보증비율은 미충족 상태이며, 작년에 물가안정 모범업소로 지정되었습니다.
대기업은 아니고 다른 특이사항은 없습니다.
보증금액은 150억이고 보증기간은 73일로 요청 드립니다.

① 2,400만 원 ② 2,700만 원
③ 3,200만 원 ④ 3,600만 원

45. 동물인형을 파는 상점이 있다. 판다, 토끼, 사슴, 사자, 기린 인형을 파는데 판다 인형의 판매가격이 1,000원이다. 여러 동물 인형의 가격이 다음과 같다면 사자 인형의 판매가격은 얼마인가?

㉠ 사슴 인형의 가격은 판다와 토끼 인형의 가격을 합한 금액이다.
㉡ 사자 인형과 토끼 인형의 가격을 합한 것은 기린 인형의 가격이다.
㉢ 판다 인형 4개와 사자 인형 2개의 가격을 더하면 사슴 인형 2개를 살 수 있다.
㉣ 판다 인형 2개와 사자 인형 4개의 가격은 2개의 기린 인형 가격과 같다.
㉤ 기린 인형 4개, 사슴 인형 3개의 가격은 토끼 인형 5개, 판다 인형 7개, 사자 인형 5개의 가격과 같다.
㉥ 사자 인형 5개와 기린 인형 2개의 가격은 같다.

① 2,000원 ② 3,000원
③ 4,000원 ④ 5,000원

| 46~47 | 다음은 SWOT분석에 대한 설명이다. 설명을 읽고 문제에 제시된 SWOT분석을 통해 도출한 전략으로 옳은 것을 고르시오.

SWOT이란, 강점(Strength), 약점(Weakness), 기회(Opportunity), 위협(Threat)의 머리글자를 모아 만든 단어로 경영 전략을 수립하기 위한 도구이다. SWOT분석을 통해 도출된 조직의 외부/내부 환경을 분석 결과를 통해 각각에 대응하는 전략을 도출하게 된다.

SO 전략이란 기회를 활용하면서 강점을 더욱 강화하는 공격적인 전략이고, WO 전략이란 외부환경의 기회를 활용하면서 자신의 약점을 보완하는 전략으로 이를 통해 기업이 처한 국면의 전환을 가능하게 할 수 있다. ST 전략은 외부환경의 위협요소를 회피하면서 강점을 활용하는 전략이며, WT 전략이란 외부환경의 위협요인을 회피하고 자사의 약점을 보완하는 전략으로 방어적 성격을 갖는다.

내부 외부	강점(Strength)	약점(Weakness)
기회 (Opportunity)	SO 전략 (강점-기회 전략)	WO 전략 (약점-기회 전략)
위협 (Threat)	ST 전략 (강점-위협 전략)	WT 전략 (약점-위협 전략)

46. 다음은 국내 화장품 산업의 SWOT분석이다. 주어진 전략 중 가장 적절한 것은?

강점 (Strength)	• 참신한 제품 개발 능력과 상위의 생산시설 보유 • 한류 콘텐츠와 연계된 성공적인 마케팅 • 상대적으로 저렴한 가격 경쟁력
약점 (Weakness)	• 아시아 외 시장에서의 존재감 미약 • 대기업 및 일부 브랜드 편중 심화 • 색조 분야 경쟁력이 상대적으로 부족
기회 (Opportunity)	• 중국·동남아 시장 성장 가능성 • 중국 화장품 관세 인하 • 유럽에서의 한방 원료 등을 이용한 'Korean Therapy' 관심 증가
위협 (Threat)	• 글로벌 업체들의 중국 진출(경쟁 심화) • 중국 로컬 업체들의 추격 • 중국 정부의 규제 강화 가능성

내부 외부	강점(Strength)	약점(Weakness)
기회 (Opportunity)	① 색조 화장품의 개발로 중국·동남아 시장 진출	② 다양한 한방 화장품 개발로 유럽 시장에 존재감 부각
위협 (Threat)	③ 저렴한 가격과 높은 품질을 강조하여 유럽 시장에 공격적인 마케팅	④ 한류 콘텐츠와 연계한 마케팅으로 중국 로컬 업체들과 경쟁

47. 다음은 국내 SW 산업의 SWOT분석이다. 주어진 전략 중 가장 적절한 것은?

강점 (Strength)	• 다양한 부문의 시스템 구축 경험 및 도메인 지식 확보 • 시장의 신기술 거부감이 상대적으로 낮아 선점 기회 높음
약점 (Weakness)	• SW기업의 글로벌 시장에 대한 경쟁력 및 경험 부족 • SW산업을 3D 업종으로 인식해 신규 우수인재 기피
기회 (Opportunity)	• 정부의 SW산업 성장동력화 추진 의지 • 제조 분야의 고품질화, 지능화 욕구로 성장 잠재력 기회
위협 (Threat)	• 중국 등 후발경쟁국과 급격히 줄어든 기술격차 • 고급 SW인력의 이직 등에 의한 이탈 심화

내부 외부	강점(Strength)	약점(Weakness)
기회 (Opportunity)	① 한발 빠른 신기술 개발로 후발경쟁국과의 기술격차를 넓힘	② SW기반 서비스 시장 창출
위협 (Threat)	③ 국가별·지역별 전략적 해외진출 강화	④ 작업환경변화 등 우수 인력 유입 촉진을 위한 기반을 조성하여 이직 등에 의한 이탈에 대비

48. 다음은 조직의 유형에 대한 설명이다. 옳은 것을 모두 고른 것은?

㉠ 조직은 영리성을 기준으로 공식조직과 비공식조직으로 구분할 수 있다.
㉡ 조직은 비공식조직으로부터 공식조직으로 발전해왔다.
㉢ 정부조직은 비영리조직에 속한다.
㉣ 비공식조직 내에서 인간관계를 지향하면서 공식조직이 생성되기도 한다.
㉤ 기업과 같이 이윤을 목적으로 하는 조직을 공식조직이라 한다.

① ㉠㉣
② ㉡㉢
③ ㉡㉤
④ ㉢㉣

▌49~50▐ 다음 결재규정을 보고 주어진 상황에 알맞게 작성된 양식을 고르시오.

〈결제규정〉

- 결재를 받으려면 업무에 대해서는 최고결재권자(대표이사)를 포함한 이하 직책자의 결재를 받아야 한다.
- '전결'이라 함은 회사의 경영활동이나 관리활동을 수행함에 있어 의사결정이나 판단을 요하는 일에 대하여 최고결재권자의 결재를 생략하고, 자신의 책임 하에 최종적으로 의사결정이나 판단을 하는 행위를 말한다.
- 전결사항에 대해서도 위임 받은 자를 포함한 이하 직책자의 결재를 받아야 한다.
- 표시내용 : 결재를 올리는 자는 최고결재권자로부터 전결사항을 위임 받은 자가 있는 경우 결재란에 전결이라고 표시하고 최종 결재권자에 위임 받은 자를 표시한다. 다만, 결재가 불필요한 직책자의 결재란은 상황대각선으로 표시한다.
- 최고결재권자의 결재사항 및 최고결재권자로부터 위임된 전결사항은 다음의 표에 따른다.

구분	내용	금액 기준	결재서류	팀장	본부장	대표 이사
접대비	거래처 식대, 경조사비 등	20만 원 이하	접대비지출품의서 지출결의서	●■		
		30만 원 이하			●■	
		30만 원 초과				●■
교통비	국내 출장비	30만 원 이하	출장계획서 출장비 신청서	●■		
		50만 원 이하		●	■	
		50만 원 초과		●		■
	해외 출장비			●		■
소모품비	사무용품		지출결의서			■
	문서, 전산소모품					■
	기타 소모품	20만 원 이하		■		
		30만 원 이하			■	
		30만 원 초과				■
교육 훈련비	사내외 교육		기안서 지출결의서	●		■
법인 카드	법인카드 사용	50만 원 이하	법인카드 신청서	■		
		100만 원 이하			■	
		100만 원 초과				■

- ● : 기안서, 출장계획서, 접대비지출품의서
- ■ : 지출결의서, 세금계산서, 발행요청서, 각종 신청서

49. 영업부 사원 I씨는 거래업체 직원들과 저녁 식사를 위해 270,000원을 지불하였다. I씨가 작성해야 하는 결재 방식으로 옳은 것은?

①

접대비지출품의서				
결 재	담당	팀장	본부장	최종 결재
	I	╱	╱	전결

②

접대비지출품의서				
결 재	담당	팀장	본부장	최종 결재
	I	전결		본부장

③

지출결의서				
결 재	담당	팀장	본부장	최종 결재
	I	전결	╱	본부장

④

접대비지출품의서				
결 재	담당	팀장	본부장	최종 결재
	I	╱	전결	본부장

50. 편집부 직원 R씨는 해외 시장 모색을 위해 영국행 비행기 티켓 500,000원과 호주행 비행기 티켓 500,000원을 지불하였다. R씨가 작성해야 할 결재 방식으로 옳은 것은?

①

출장계획서				
결 재	담당	팀장	본부장	최종 결재
	R			╱ 전결

②

출장계획서				
결 재	담당	팀장	본부장	최종 결재
	R		전결	본부장

③

출장비신청서				
결 재	담당	팀장	본부장	최종 결재
	R	전결	╱	본부장

④

출장비신청서				
결 재	담당	팀장	본부장	최종 결재
	R	╱	╱	대표이사

51. 해외 법인에서 근무하는 귀하는 중요한 프로젝트의 계약을 앞두고 현지 거래처 귀빈들을 위한 식사 자리를 준비하게 되었다. 본사와 거래처의 최고 경영진들이 대거 참석하는 자리인 만큼 의전에도 각별히 신경을 써야 하는 매우 중요한 자리이다. 이러한 외국 손님들과의 식사 자리를 준비하는 에티켓에 관한 다음 보기와 같은 설명 중 적절하지 않은 것은 무엇인가?

① 테이블의 모양과 좌석의 배치 등도 매우 중요하므로 반드시 팩스나 이메일로 사전에 참석자에게 정확하게 알려 줄 필요가 있다.

② 종교적 이유로 특정음식을 먹지 않는 고객의 유무 등 특별 주문 사항이 있는지를 미리 확인한다.

③ 상석(上席)을 결정할 경우, 나이는 많은데 직위가 낮으면 나이가 직위를 우선한다.

④ 최상석에 앉은 사람과 가까운 자리일수록 순차적으로 상석이 되며, 멀리 떨어진 자리가 말석이 된다.

52. 다음 중 임파워먼트에 해당하는 사례는 무엇인가?

① 영업부 팀장 L씨는 사원 U씨에게 지난 상반기의 판매 수치를 정리해 오라고 요청하였다. 또한 데이터베이스를 업데이트하고, 회계부서에서 받은 수치를 반영하여 새로운 보고서를 제출하라고 지시하였다.

② 편집부 팀장 K씨는 사원 S씨에게 지난 3달간의 도서 판매 실적을 정리해 달라고 요청하였다. 또한 신간등록이 되어 있는지 확인 후 업데이트하고, 하반기에 내놓을 새로운 도서의 신간 기획안을 제출하라고 지시하였다.

③ 마케팅팀 팀장 I씨는 사원 Y씨에게 상반기 판매 수치를 정리하고 이 수치를 분석하여 하반기 판매 향상에 도움이 될 만한 마케팅 계획을 직접 개발하도록 지시했다.

④ 홍보부 팀장 H씨는 사원 R씨에게 지난 2년간의 회사 홍보물 내용을 검토하고 업데이트 할 내용을 정리한 후 보고서로 작성하여 10부를 복사해 놓으라고 지시하였다.

53. 다음 중 아래의 조직도를 올바르게 이해한 것은?

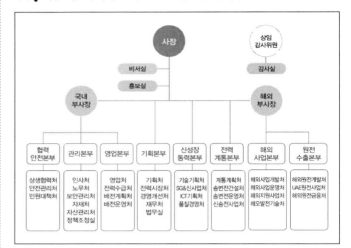

ⓐ 사장직속으로는 3개 본부, 13개 처, 2개 실로 구성되어 있다.
ⓑ 국내·해외부사장은 각 3개의 본부를 이끌고 있다.
ⓒ 감사실은 다른 부서들과는 별도로 상임 감사위원 산하에 따로 소속되어 있다.
ⓓ 노무처와 재무처는 서로 업무협동이 있어야 하므로 같은 본부에 소속되어 있다.

① ⓐ   ② ⓒ
③ ⓑⓒ   ④ ⓒⓓ

54. 조직문화에 관한 다음 글의 말미에서 언급한 밑줄 친 '몇 가지 기능'에 해당한다고 보기 어려운 것은?

개인의 능력과 가능성을 판단하는데 개인의 성격이나 특성이 중요하듯이 조직의 능력과 가능성을 판단할 때 조직문화는 중요한 요소가 된다. 조직문화는 주어진 외부환경 속에서 오랜 시간 경험을 통해 형성된 기업의 고유한 특성을 말하며, 이러한 기업의 나름대로의 특성을 조직문화란 형태로 표현하고 있다. 조직문화에 대한 연구가 활발하게 전개된 이유 가운데 하나는 '조직문화가 기업경쟁력의 한 원천이며, 조직문화는 조직성과에 영향을 미치는 중요한 요인'이라는 기본 인식에 바탕을 두고 있다.

조직문화는 한 개인의 독특한 성격이나 한 사회의 문화처럼 조직의 여러 현상들 중에서 분리되어질 수 있는 성질의 것이 아니라, 조직의 역사와 더불어 계속 형성되고 표출되며 어떤 성과를 만들어 나가는 종합적이고 총체적인 현상이다. 또한 조직문화의 수준은 조직문화가 조직 구성원들에게 어떻게 전달되어 지각하는가를 상하부구조로서 설명하는 것이다. 조직문화의 수준은 그것의 체계성으로 인하여 조직문화를 쉽게 이해하는데 도움을 준다.

한편, 세계적으로 우수성이 입증된 조직들은 그들만의 고유의 조직문화를 조성하고 지속적으로 다듬어 오고 있다. 그들에게 조직문화는 언제나 중요한 경영자원의 하나였으며 일류조직으로 성장할 수 있게 하는 원동력이었던 것이다. 사업의 종류나 사회 및 경영환경, 그리고 경영전략이 다른데도 불구하고 일류조직은 나름의 방식으로 조직문화적인 특성을 공유하고 있는 것으로 확인되었다.

기업이 조직문화를 형성, 개발, 변화시키려고 노력하는 것은 조직문화가 기업경영에 효율적인 작용과 기능을 하기 때문이다. 즉, 조직문화는 기업을 경영함에 있어 매우 중요한 <u>몇 가지 기능</u>을 수행하고 있다.

① 조직의 영역을 정의하여 구성원에 대한 정체성을 제공한다.
② 이직률을 낮추고 외부 조직원을 흡인할 수 있는 동기를 부여한다.
③ 조직의 성과를 높이고 효율을 제고할 수 있는 역할을 한다.
④ 개인적 이익보다는 조직을 위한 몰입을 촉진시킨다.

55. 다음에 해당하는 리더십의 유형은?

• 구성원에게 권한을 부여하고, 자신감을 불어넣는다.
• 구성원에게 도전적 목표와 임무, 미래의 비전을 추구하도록 한다.
• 구성원에게 개별적 관심과 배려를 보이고, 지적 자극을 준다.

① 카리스마적 리더십
② 변혁적 리더십
③ 발전적 리더십
④ 촉매적 리더십

56. 이해당사자들이 대화와 논쟁을 통해서 서로를 설득하여 문제를 해결하는 것을 협상이라고 한다. 다음 중 협상의 예로 볼 수 없는 것은?

① 남편은 외식을 하자고 하나 아내는 생활비의 부족으로 인하여 외식을 거부하였다. 아내는 집에서 고기를 굽고 맥주를 한 잔 하면서 외식을 하는 분위기를 내자고 제안하였고 남편은 이에 흔쾌히 승낙하였다.

② K씨는 다가올 연봉협상에 큰 기대를 갖고 있다. 그러나 회사 사정이 어려워지면서 사장은 연봉을 올려줄 수 없는 상황이 되었고 K씨는 자신이 바라는 수준의 임금을 회사의 경제력과 자신의 목표 등을 감안하여 적정선을 맞추어 사장에게 제시하였더니 K씨는 원하는 연봉을 받을 수 있게 되었다.

③ U씨는 아내와 함께 주말에 영화를 보기로 하였다. 그런데 주말에 갑자기 장모님이 올라 오셔서 극장에 갈 수 없는 상황이 되었다. 이에 아내는 영화는 다음에 보고 오늘은 장모님과 시간을 보내자고 하였다. U씨는 영화를 못보는 것이 아쉬워 장모님을 쌀쌀맞게 대했다.

④ W씨는 자녀의 용돈문제로 고민이다. 하나 밖에 없는 딸이지만 자신이 생각하기에 그렇게 많은 용돈은 필요가 없을 듯한다. 그러나 딸아이는 계속적으로 용돈을 올려달라고 시위 중이다. 퇴근 후 지친 몸을 이끌고 집으로 온 W씨에게 딸아이는 어깨도 주물러 주고, 애교도 떨며 W씨의 기분을 좋게 만들었다. 결국 W씨는 딸의 용돈을 올려주었다.

57. 다음은 어느 회사의 사원 입사월일을 정리한 자료이다. 아래 워크시트에서 [C4] 셀에 수식 '=EOMONTH(C3,1)'를 입력하였을 때 결과 값은? (단, [C4] 셀에 설정되어 있는 표시형식은 '날짜'이다)

	A	B	C
1	성명	성별	입사월일
2	구현정	여	2013-09-07
3	황성욱	남	2014-03-22
4	최보람	여	
5			

① 2014-04-30
② 2014-03-31
③ 2014-02-28
④ 2013-09-31

58. 다음 워크시트에서 [A1:B2] 영역을 선택한 후 채우기 핸들을 사용하여 드래그 했을 때 [A5:B5]영역 값으로 바르게 짝지은 것은?

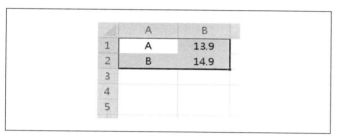

① A, 15.9
② B, 17.9
③ A, 17.9
④ C, 14.9

59. 다음 워크시트에서 수식 '=POWER(A3, A2)'의 결과 값은 얼마인가?

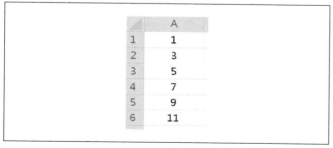

① 5
② 81
③ 49
④ 125

60. 엑셀에서 새 시트를 열고자 할 때 사용하는 단축키는?

① 〈Shift〉+〈F11〉
② 〈Ctrl〉+〈W〉
③ 〈Ctrl〉+〈F4〉
④ 〈Ctrl〉+〈N〉

국민연금공단

직업기초능력평가

[시간선택제/고졸]

제 2 회	영 역	의사소통능력, 문제해결능력, 수리능력, 조직이해능력, 정보능력
	문항수	60문항
	시 간	60분
	비 고	객관식 4지선다형

SEOWONGAK
(주)서원각

제 2 회 직업기초능력평가

📝 문항수 : 60문항
⏰ 시 간 : 60분

1. 다음은 회의 관련 규정의 일부이다. 잘못 쓰여 진 글자는 모두 몇 개인가?

제22조(회의 등)
① 심의위원회의 회의는 정기회의와 임시회이로 구분한다.
② 심의위원회의 회의는 공개한다. 다만, 다음 각 호의 어느 하나에 해당하는 경우에는 심의위원회의 의결로 공개하지 아니할 수 있다.
　1. 공개하면 국가안전보장을 해칠 우려가 있는 경우
　2. 다른 법령에 따라 비밀로 분류되거나 공개가 제한된 내용이 포함되어 있는 경우
　3. 공개하면 개인·법인 및 단체의 명예를 훼손하거나 정당한 이익을 해칠 우려가 있다고 인정되는 경우
　4. 감사·인사관리 등에 관한 사항으로 공개하면 공정한 업무수행에 현저한 지장을 초래할 우려가 있는 경우
③ 심의위원회의 회의는 재직위원 과반수의 출석과 출석위원 과반수의 찬성으로 의결한다.
④ 심의위원회는 그 소관직무 중 일부를 분담하여 효율적으로 수행하기 위하여 소위원회를 두거나 특정한 분야에 대한 자분 등을 수행하기 위하여 특별위원회를 둘 수 있다.
⑤ 심의위원회의 공개되는 회의를 회의장에서 방청하려는 사람은 신분을 증명할 수 있는 신분증을 제시하고, 회의 개최 전까지 방청건을 발급받아 방청할 수 있다. 이 경우 심의위원장은 회의의 적절한 운영과 질서유지를 위하여 필요한 때에는 방청인 수를 제한하거나 방청인의 퇴장을 명할 수 있다.
⑥ 심의위원회의 회의 운영, 소위원회 또는 특별위원회의 구성 및 운영에 관하여 그 밖에 필요한 사항은 대통령영으로 정한다.

① 2개
② 3개
③ 4개
④ 5개

2. 다음은 국민연금 가입자의 네 가지 형태를 설명하고 있는 글이다. ㈎～㈐에 해당하는 형태의 가입자를 순서대로 올바르게 연결한 것은 어느 것인가?

㈎ 납부한 국민연금 보험료가 있는 가입자 또는 가입자였던 자로서 60세에 달한 자가 가입기간이 부족하여 연금을 받지 못하거나 가입기간을 연장하여 더 많은 연금을 받기를 원할 경우는 65세에 달할 때까지 신청에 의하여 가입자가 될 수 있다.
㈏ 60세 이전에 본인의 희망에 의해 가입신청을 하면 가입자가 될 수 있다. 즉, 다른 공적연금에서 퇴직연금(일시금), 장애연금을 받는 퇴직연금 등 수급권자, 국민기초생활보장법에 의한 수급자 중 생계급여 또는 의료급여 또는 보장시설 수급자, 소득활동에 종사하지 않는 사업장가입자 등의 배우자 및 보험료를 납부한 사실이 없고 소득활동에 종사하지 않는 27세 미만인 자는 가입을 희망하는 경우 이 가입자가 될 수 있다.
㈐ 국내에 거주하는 18세 이상 60세 미만의 국민으로서 사업장가입자가 아닌 사람은 당연히 가입자가 된다. 다만, 다른 공적연금에서 퇴직연금(일시금), 장애연금을 받는 퇴직연금 등 수급권자, 국민기초생활보장법에 의한 수급자 중 생계급여 또는 의료급여 또는 보장시설 수급자, 소득활동에 종사하지 않는 사업장가입자 등의 배우자 및 보험료를 납부한 사실이 없고 소득활동에 종사하지 않는 27세 미만인 자는 이 가입자가 될 수 없다.
㈑ 국민연금에 가입된 사업장의 18세 이상 60세 미만의 사용자 및 근로자로서 국민연금에 가입된 자를 말한다. 1인 이상의 근로자를 사용하는 사업장 또는 주한외국기관으로서 1인 이상의 대한민국 국민인 근로자를 사용하는 사업장에서 근무하는 18세 이상 60세 미만의 사용자와 근로자는 당연히 이 가입자가 된다.

① 임의계속가입자 - 임의가입자 - 지역가입자 - 사업장 가입자
② 사업장 가입자 - 임의가입자 - 지역가입자 - 임의계속가입자
③ 임의계속가입자 - 임의가입자 - 사업장 가입자 - 지역가입자
④ 임의가입자 - 임의계속가입자 - 지역가입자 - 사업장 가입자

3. 다음에 제시된 글을 보고 이 글의 목적에 대해 바르게 나타낸 것은?

제목 : 사내 신문의 발행

1. 우리 회사 직원들의 원만한 커뮤니케이션과 대외 이미지를 재고하기 위하여 사내 신문을 발간하고자 합니다.

2. 사내 신문은 홍보지와 달리 새로운 정보와 소식지로써의 역할이 기대되오니 아래의 사항을 검토하시고 재가해주시기 바랍니다.

－아 래－

㉠ 제호 : We 서원인
㉡ 판형 : 140 × 210mm
㉢ 페이지 : 20쪽
㉣ 출간 예정일 : 2018. 1. 1.

별첨 견적서 1부

---

① 회사에서 정부를 상대로 사업을 진행하려고 작성한 문서이다.
② 회사의 업무에 대한 협조를 구하기 위하여 작성한 문서이다.
③ 회사의 업무에 대한 현황이나 진행상황 등을 보고하고자 하는 문서이다.
④ 회사 상품의 특성을 소비자에게 설명하기 위하여 작성한 문서이다.

---

4. 다음은 기업의 정기 주주 총회 소집 공고문이다. 이에 대한 설명으로 옳은 것을 모두 고른 것은?

[정기 주주 총회 소집 공고]

상법 제 361조에 의거 ㈜ ○○기업 정기 ㉮주주 총회를 아래와 같이 개최하오니 ㉯주주님들의 많은 참석 바랍니다.

－아 래－

1. 일시 : 2012년 3월 25일(일) 오후 2시
2. 장소 : 본사 1층 대회의실
3. 안건
   － 제1호 의안 : 제7기(2011. 1. 1 ～ 2011. 12. 31) 재무제표 승인의 건
   － 제2호 의안 : ㉰이사 보수 한도의 건
   － 제3호 의안 : ㉱감사 선임의 건

－ 생 략 －

㉠ ㉮는 이사회의 하위 기관이다.
㉡ ㉯는 증권 시장에서 주식을 거래할 수 있다.
㉢ ㉰는 별도의 절차 없이 대표 이사가 임명을 승인한다.
㉣ ㉱는 이사회의 업무 및 회계를 감사한다.

① ㉠㉡   ② ㉠㉢
③ ㉡㉣   ④ ㉢㉣

---

5. 다음과 같은 내용의 모집 공고문 초안을 검토한 팀장은 몇 가지 누락된 사항이 있음을 지적하였다. 다음 중 팀장이 지적한 사항으로 보기 어려운 것은?

제8기 국민연금 대학생 홍보대사 모집

■ 지원자격 : 국내 대학 재학생(휴학생 포함)
※ 타 기업(기관) 홍보대사 지원 불가
※ 2차 면접전형 시 재학증명서 제출 필수
■ 지원방법 : 국민연금공단 홈페이지(www.nps.or.kr)에서 지원서를 다운로드하여 작성 후 이메일(npcb0000@nps.or.kr)로 제출. 접수마감일(1월 23일) 18:00 도착 분까지 유효
■ 모집 및 활동 일정
• 지원기간 : 2018년 1월 17일(수)～1월 23일(화)
• 1차 합격자 발표 : 2018년 2월 1일(금), 오후 3시(15시) 홈페이지 게시
• 2차 면접전형일정 : 2018년 2월 7일(수)～9일(금) 중, 면접기간 개별 안내
• 최종 합격자 발표 : 2018년 2월 12일(월), 오후 3시(15시) 홈페이지 게시
• 발대식(오리엔테이션) : 2018년 2월 21일(수)～22일(목), 1박 2일
• 활동기간 : 2018년 3월～8월(약 6개월)
• 정기회의 : 매월 마지막 또는 첫주 금요일 오후 1시
※ 상기 일정은 공단 사정에 따라 변동될 수 있습니다.

---

① 선발인원
② 문의처
③ 활동비 지급 내역
④ 활동 내역

- '사회보장'이라는 용어는 유럽에서 실시하고 있던 사회보험의 '사회'와 미국의 대공황 시기에 등장한 긴급경제보장위원회의 '보장'이란 용어가 합쳐져서 탄생한 것으로 알려져 있다. 1935년에 미국이 「사회보장법」을 제정하면서 법률명으로서 처음으로 사용되었고, 이후 사회보장이라는 용어는 전 세계적으로 ㉠통용되기 시작하였다.

- 제2차 세계대전 후 국제노동기구(ILO)의 「사회보장의 길」과 영국의 베버리지가 작성한 보고서 「사회보험과 관련 서비스」 및 프랑스의 라로크가 ㉡책정한 「사회보장계획」의 영향으로 각국에서 구체적인 사회정책으로 제도화되기 시작하였다.

- 우리나라는 1962년 제5차 개정헌법 제30조 제2항에서 처음으로 '국가는 사회보장의 증진에 노력하여야 한다'고 규정하여 국가적 의무로서 '사회보장'을 천명하였고, 이에 따라 1963년 11월 5일 법률 제1437호로 전문 7개조의 「사회보장에 관한 법률」을 제정하였다.

- '사회보장'이라는 용어가 처음으로 사용된 시기에 대해서는 대체적으로 의견이 일치하고 있으며 해당 용어가 전 세계적으로 ㉢파급되어 사용하고 있음에도 불구하고, '사회보장'의 개념에 대해서는 개인적, 국가적, 시대적, 학문적 관점에 따라 매우 다양하게 인식되고 있다.

- 국제노동기구는 「사회보장의 길」에서 '사회보장'은 사회구성원들에게 발생하는 일정한 위험에 대해서 사회가 적절하게 부여하는 보장이라고 정의하면서, 그 구성요소로 전체 국민을 대상으로 해야 하고, 최저생활이 보장되어야 하며 모든 위험과 사고가 보호되어야 할뿐만 아니라 공공의 기관을 통해서 보호나 보장이 이루어져야 한다고 하였다.

- 우리나라는 사회보장기본법 제3조 제1호에 의하여 "사회보장"이란 출산, ㉣양육, 실업, 노령, 장애, 질병, 빈곤 및 사망 등의 사회적 위험으로부터 모든 국민을 보호하고 국민 삶의 질을 향상 시키는데 필요한 소득·서비스를 보장하는 사회보험, 공공부조, 사회서비스를 말한다'라고 정의하고 있다.

6. 사회보장에 대해 잘못 이해하고 있는 사람은?

① 영은 : '사회보장'이라는 용어가 법률명으로 처음 사용된 것은 1935년 미국에서였대.

② 원일 : 각국에서 사회보장을 구체적인 사회정책으로 제도화하기 시작한 것은 제2차 세계대전 이후구나.

③ 지민 : 사회보장의 개념은 어떤 관점에서 보느냐에 따라 매우 다양하게 인식될 수 있겠군.

④ 정현 : 국제노동기구의 입장에 따르면 개인에 대한 개인의 보호나 보장 또한 사회보장으로 볼 수 있어.

7. 밑줄 친 단어가 한자로 바르게 표기된 것은?

① ㉠ 통용 - 通容

② ㉡ 책정 - 策正

③ ㉢ 파급 - 波及

④ ㉣ 양육 - 羊肉

8. 다음 토론의 '입론'에 대한 이해로 적절하지 못한 것은?

찬성 1 : 저는 한식의 표준화가 필요하다고 생각합니다. 이를 위해 한국을 대표하는 음식들의 조리법부터 표준화해야 합니다. 한식의 조리법은 복잡한 데다 계량화되어 있지 않은 경우가 많아서 조리하는 사람에 따라 많은 차이가 나게 됩니다. 게다가 최근에는 한식 고유의 맛과 모양에서 많이 벗어난 음식들까지 등장하여 한식 고유의 맛과 정체성을 흔들고 있습니다. 따라서 한국을 대표하는 음식들부터 식자재 종류와 사용량, 조리하는 방법 등을 일정한 기준에 따라 통일해 놓으면 한식 고유의 맛과 정체성을 지키는 데 큰 도움이 될 것입니다.

반대 2 : 한식의 표준화가 획일화를 가져와 한식의 다양성을 훼손할 수 있다는 생각은 안 해 보셨나요?

찬성 1 : 물론 해 보았습니다. 한식의 표준화가 한식의 다양성을 훼손할 수도 있지만, 한식 고유의 맛과 정체성을 지키기 위해서는 꼭 필요한 일입니다.

사회자 : 찬성 측 토론자의 입론과 이에 대한 교차 조사를 잘 들었습니다. 이어서 반대 측 토론자가 입론을 해 주시기 바랍니다.

반대 1 : 한식 고유의 맛과 정체성은 다른 데 있는 게 아니라 조리하는 사람의 깊은 손맛에 있다고 봅니다. 그런데 한식을 섣불리 표준화하면 이러한 한식 고유의 손맛을 잃어 버려 한식 고유의 맛과 정체성이 오히려 더 크게 훼손될 것입니다.

찬성 1 : 한식 조리법을 표준화하면 손맛을 낼 수 없다는 말씀이신가요?

반대 1 : 손맛은 조리하는 사람마다의 경험과 정성에서 우러나오는 것인데, 조리법을 표준화하면 음식에 이러한 것들을 담기 어려울 것입니다.

사회자 : 이어서 찬성과 반대 측 토론자의 두 번째 입론을 시작하겠습니다. 교차 조사도 함께 진행해 주시기 바랍니다.

찬성 2 : 저는 한식의 표준화가 한식의 세계화를 위해서도 꼭 필요하다고 생각합니다. 최근 케이팝(K-pop)과 드라마 등 한국 대중문화가 세계 속에 널리 알려지면서 우리 음식에 대한 세계인들의 관심이 점점 높아지고 있는데, 한식의 조리법이 표준화되어 있지 않아서 이것이 한식의 세계화에 걸림돌이 되고 있습니다. 얼마

전 외국의 한식당에 가 보니 소금에 절이지도 않은 배추를 고춧가루 양념에만 버무려 놓고, 이것을 김치로 판매하고 있더군요. 이런 문제들이 해결되어야 한식의 세계화가 원활하게 이루어질 것입니다.

반대 1 : 그것은 한식의 표준화보다 정책 당국의 관심과 적극적인 홍보를 통해 해결할 수 있는 문제가 아닐까요?

찬성 2 : 물론 그렇습니다. 그런데 한식의 표준화가 이루어져 있다면 정부의 홍보도 훨씬 쉬워질 것입니다.

반대 2 : 표준화가 되어 있지 않아도 외국에서 큰 호응을 얻고 있는 한식당들이 최근 점점 늘어가고 있습니다. 이런 추세를 감안할 때, 한식의 표준화가 한식의 세계화를 위해 꼭 필요한 것은 아니라고 생각합니다. 인도는 카레로 유명한 나라지만 표준화된 인도식 카레 같은 것은 없지 않습니까? 그리고 음식의 표준을 정한다는 것도 현실적으로 가능한 것인지 모르겠습니다. 세계인들의 입맛은 우리와 다르고 또 다양할 텐데 한식을 표준화하는 것은 오히려 한식의 세계화를 어렵게 할 수 있습니다.

① '찬성 1'은 한식 조리법의 특성과 최근의 부정적 상황을 논거로 제시하고 있다.

② '반대 1'은 한식의 표준화가 초래할 수 있는 부작용을 논거로 제시하고 있다.

③ '찬성 2'는 한식의 표준화가 여러 대안들 중 최선의 선택이라는 점을 부각하고 있다.

④ '반대 2'는 현황과 사례를 들어 한식의 표준화가 필요하지 않다는 논지를 강화하고 있다.

9. 함께 여가를 보내려는 A, B, C, D, E 다섯 사람의 자리를 원형 탁자에 배정하려고 한다. 다음 글을 보고 옳은 것을 고르면?

- A 옆에는 반드시 C가 앉아야 된다.
- D의 맞은편에는 A가 앉아야 된다.
- 여가시간을 보내는 방법은 책읽기, 수영, 영화 관람이다.
- C와 E는 취미생활을 둘이서 같이 해야 한다.
- B와 C는 취미가 같다.

① A의 오른편에는 B가 앉아야 한다.

② B가 책읽기를 좋아한다면 E도 여가 시간을 책읽기로 보낸다.

③ B는 E의 옆에 앉아야 한다.

④ A와 D 사이에 C가 앉아있다.

10. 다음 글과 〈법조문〉을 근거로 판단할 때, 甲이 乙에게 2,000만 원을 1년간 빌려주면서 선이자로 800만 원을 공제하고 1,200만 원만을 준 경우, 乙이 갚기로 한 날짜에 甲에게 전부 변제하여야 할 금액은?

돈이나 물품 등을 빌려 쓴 사람이 돈이나 같은 종류의 물품을 같은 양만큼 갚기로 하는 계약을 소비대차라 한다. 소비대차는 이자를 지불하기로 약정할 수 있고, 그 이자는 일정한 이율에 의하여 계산한다. 이런 이자는 돈을 빌려주면서 먼저 공제할 수도 있는데, 이를 선이자라 한다. 한편 약정 이자의 상한에는 법률상의 제한이 있다.

〈법조문〉

제00조

① 금전소비대차에 관한 계약상의 최고이자율은 연 30%로 한다.

② 계약상의 이자로서 제1항에서 정한 최고이자율을 초과하는 부분은 무효로 한다.

③ 약정금액(당초 빌려주기로 한 금액)에서 선이자를 사전공제한 경우, 그 공제액이 '채무자가 실제 수령한 금액'을 기준으로 하여 제1항에서 정한 최고이자율에 따라 계산한 금액을 초과하면 그 초과부분은 약정금액의 일부를 변제한 것으로 본다.

① 760만 원

② 1,000만 원

③ 1,560만 원

④ 1,640만 원

11. 다음은 정부에서 지원하는 〈귀농인 주택시설 개선사업 개요〉와 〈심사 기초 자료〉이다. 이를 근거로 판단할 때, 지원대상 가구만을 모두 고르면?

〈귀농인 주택시설 개선사업 개요〉

□ 사업목적 : 귀농인의 안정적인 정착을 도모하기 위해 일정 기준을 충족하는 귀농가구의 주택 개·보수 비용을 지원

□ 신청자격 : △△군에 소재하는 귀농가구 중 거주기간이 신청마감일(2014. 4. 30.) 현재 전입일부터 6개월 이상이고, 가구주의 연령이 20세 이상 60세 이하인 가구

□ 심사기준 및 점수 산정방식
• 신청마감일 기준으로 다음 심사기준별 점수를 합산한다.
• 심사기준별 점수
  (1) 거주기간 : 10점(3년 이상), 8점(2년 이상 3년 미만), 6점(1년 이상 2년 미만), 4점(6개월 이상 1년 미만)
     ※ 거주기간은 전입일부터 기산한다.
  (2) 가족 수 : 10점(4명 이상), 8점(3명), 6점(2명), 4점(1명)
     ※ 가족 수에는 가구주가 포함된 것으로 본다.
  (3) 영농규모 : 10점(1.0 ha 이상), 8점(0.5 ha 이상 1.0 ha 미만), 6점(0.3 ha 이상 0.5 ha 미만), 4점(0.3 ha 미만)
  (4) 주택노후도 : 10점(20년 이상), 8점(15년 이상 20년 미만), 6점(10년 이상 15년 미만), 4점(5년 이상 10년 미만)
  (5) 사업시급성 : 10점(매우 시급), 7점(시급), 4점(보통)

□ 지원내용
• 예산액 : 5,000,000원
• 지원액 : 가구당 2,500,000원
• 지원대상 : 심사기준별 점수의 총점이 높은 순으로 2가구. 총점이 동점일 경우 가구주의 연령이 높은 가구를 지원. 단, 하나의 읍·면당 1가구만 지원 가능

〈심사 기초 자료(2014. 4. 30. 현재)〉

귀농가구	가구주 연령 (세)	주소지 (△△군)	전입일	가족 수 (명)	영농 규모 (ha)	주택 노후도 (년)	사업 시급성
甲	49	A	2010. 12. 30	1	0.2	17	매우 시급
乙	48	B	2013. 5. 30	3	1.0	13	매우 시급
丙	56	B	2012. 7. 30	2	0.6	23	매우 시급
丁	60	C	2013. 12. 30	4	0.4	13	시급
戊	33	D	2011. 9. 30	2	1.2	19	보통

① 甲, 乙
② 甲, 丙
③ 乙, 丙
④ 乙, 丁

12. 다음은 인력변경보고 업무처리 절차를 도식화한 것이다. 잘못 쓰여진 글자는 모두 몇 개인가?

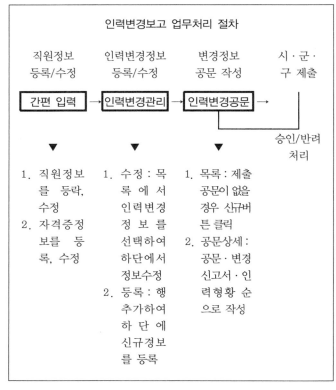

① 2개
② 3개
③ 4개
④ 5개

13. 상사의 자녀 결혼식에 오신 하객들에게 보내기 위해 작성한 감사의 글에서 다음 중 잘못 읽은 한자음은?

感謝의 말씀

지난 ○월 ○일 저희 아들(○○)의 ㉠婚禮에 바쁘신 중에도 참석하셔서 자리를 빛내 주시고 따뜻한 정으로 ㉡祝福하여 주신 데 대하여 깊이 感謝드립니다.

마땅히 찾아뵙고 人事드림이 도리인 줄 아오나 우선 紙面으로 人事드림을 ㉢惠諒하여 주시기 바랍니다. 아울러 항상 健勝하시고 뜻하시는 모든 일이 ㉣亨通하시길 祈願합니다. 진심으로 感謝합니다.

① ㉠ 혼례
② ㉡ 축복
③ ㉢ 혜언
④ ㉣ 형통

14. 다음 메모와 관련된 내용으로 옳지 않은 것은?

MEMO
To : All Staff
From : Robert Burns
Re : Staff meeting
　This is just to remind everyone about the agenda for Monday's meeting. The meeting will be a combination of briefing and brainstorming session, Please come prepared to propose ideas for reorganizing the office! And remember that we want to maintain a positive atmosphere in the meeting. We don't criticize any ideas you share. All staff members are expected to attend meeting!

① 전 직원들에게 알리는 글이다.
② 간부들만 회의에 참석할 수 있음을 알리는 글이다.
③ 회의는 브리핑과 브레인스토밍 섹션으로 구성될 것이다.
④ 사무실 재편성에 관한 아이디어에 관한 회의가 월요일에 있을 것이다.

15. 당신의 팀은 본부 내 다른 팀과 비교하였을 때 계속 실적이 떨어지는 추세를 보이고 있다. 곰곰이 따져 다음과 같은 여러 가지 팀 내 현상을 정리한 당신은 실적 하락의 근본 원인을 찾아 들어가 도식화하여 팀장에게 보고하려 한다. 다음 중 현상 간의 인과관계를 따져볼 때 당신이 ㉢에 입력할 내용으로 가장 적절한 것은?

- 팀장이 항상 너무 바쁘다.
- 팀장의 팀원 코칭이 불충분하다.
- 팀원의 업무 숙련도가 떨어진다.
- 팀장은 대부분 업무를 본인이 직접 하려 한다.
- 팀에 할당되는 업무가 매우 많다.

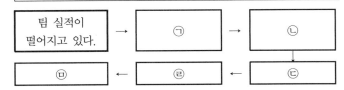

① 팀장이 너무 바쁘다.
② 팀장의 팀원 코칭이 불충분하다.
③ 팀원의 업무 숙련도가 떨어진다.
④ 팀장은 대부분 업무를 본인이 직접 하려 한다.

16. 다음과 같이 예산이 소요되는 다섯 개의 프로젝트가 있다. 이 프로젝트들은 향후 5년간 모두 완수되어야 한다. 연도별 가용 예산과 규정은 다음과 같다. 이 내용을 해석하여 바르게 설명한 것은?

〈프로젝트별 기간 및 소요 예산〉
- A 프로젝트 – 총 사업기간 2년, 1차년도 1억 원, 2차년도 4억 원 소요
- B 프로젝트 – 총 사업기간 3년, 1차년도 15억 원, 2차년도 18억 원, 3차년도 21억 원 소요
- C 프로젝트 – 총 사업기간 1년, 15억 원 소요
- D 프로젝트 – 총 사업기간 2년, 1차년도 15억 원, 2차년도 8억 원 소요
- E 프로젝트 – 총 사업기간 3년, 1차년도 6억 원, 2차년도 12억 원, 3차년도 24억 원 소요

〈연도별 가용 예산〉
- 1차년도 – 20억 원
- 2차년도 – 24억 원
- 3차년도 – 28억 원
- 4차년도 – 35억 원
- 5차년도 – 40억 원

〈규정〉
- 모든 사업은 시작하면 연속적으로 수행하여 끝내야 한다.
- 모든 사업은 5년 이내에 반드시 완료하여야 한다.
- 5개 프로젝트에 할당되는 예산은 남는 것은 상관없으나 부족해서는 안 되며, 남은 예산은 이월되지 않는다.

① A, D 프로젝트를 첫 해에 동시에 시작해야 한다.
② B 프로젝트를 세 번째 해에 시작하고, C 프로젝트는 최종 연도에 시행한다.
③ 첫 해에는 D 프로젝트를 수행해야 한다.
④ 첫 해에는 E 프로젝트만 수행해야 한다.

17. 연금급여실 최 과장은 국민연금 가입률을 조사하기 위해 A, B 두 지역의 가구 수를 다음과 같이 조사하였다. 조사 자료를 보고 최 과장이 판단한 내용 중 옳은 것으로만 모두 고른 것은?

〈지역별 가구 형태 분포〉

(단위 : 가구)

구분	총 가구 수	1인 가구 수	1세대 가구 수	2세대 가구 수	3세대 이상 가구 수
A지역	10,000	3,000	4,000	2,500	500
B지역	8,000	3,500	4,000	400	100

㉠ A지역이 B지역보다 핵가족 수가 적다.
㉡ A지역이 B지역보다 총 인구수가 적다.
㉢ 1인 가구 총 인구수는 A지역이 B지역보다 적다.
㉣ 1세대 가구의 비율은 A지역보다 B지역이 더 높다.

① ㉢, ㉣
② ㉠, ㉢
③ ㉡, ㉣
④ ㉠, ㉡

18. 부모를 대상으로 부모 – 자녀 간 대화의 실태를 조사하고자 한다. 아래 설문지에 추가해야 할 문항으로 가장 적절한 것은?

• 일주일에 자녀와 몇 번 대화를 하십니까?
• 자녀와 부모님 중 누가 먼저 대화를 시작하십니까?
• 자녀와의 정서적 대화가 얼마나 중요하다고 생각하십니까?
• 직접 대화 외에 다른 대화 방법(예 이메일, 편지 등)을 활용하십니까?

① 선호하는 대화의 장소는 어디입니까?
② 우울하십니까?
③ 직장에 다니십니까?
④ 자녀와 하루에 대화하는 시간은 어느 정도입니까?

19. 다음 글의 내용과 거리가 먼 것은?

최근 아이들의 급격한 시력저하를 걱정하는 부모들이 늘고 있다. 초중고생은 물론이며 이제 유치원생까지 안경을 써야 할 정도로 시력이 나빠지고 있는 추세이다. 국민건강보험공단에 따르면 2002년~2009년 7년 사이에 19세 이하 아동·청소년 근시 환자는 약 55만 4,642명(2002년)에서 약 87만 6,950명(2009년)으로 58.1% 포인트나 증가했다. 선진국보다 다섯 배나 많은 수치다. 아이뿐 아니라 성인도 눈에 피로를 방치하면 안구건조증 같은 안구질환에 걸리기 쉽게 된다. 실제로 오랫동안 스마트폰이나 모니터를 보면서 일하는 직장인 중 안구건조증으로 고생하는 사람이 많다. 하루 4시간 넘게 게임을 즐기는 청소년 역시 안구건조증으로 병원을 찾는다.

① 오랫동안 스마트폰이나 모니터를 보면서 일하는 성인들도 안구건조증이 나타난다.
② 우리나라 아동·청소년의 근시 비율이 선진국에 비해 월등히 높다.
③ 선진국일수록 아동·청소년의 근시 비율이 높다.
④ 2002년에 비해 2009년의 아동·청소년 근시 환자가 약 32만 명 더 많다.

20. 다음에 해당하는 언어의 기능은?

이 기능은 우리가 세계를 이해하는 정도에 비례하여 수행된다. 그러면 세계를 이해한다는 것은 무엇인가? 그것은 이 세상에 존재하는 사물에 대하여 이름을 부여함으로써 발생하는 것이다. 여기 한 그루의 나무가 있다고 하자. 그런데 그것을 나무라는 이름으로 부르지 않는 한 그것은 나무로서의 행세를 못한다. 인류의 지식이라는 것은 인류가 깨달아 알게 되는 모든 대상에 대하여 이름을 붙이는 작업에서 형성되는 것이라고 말해도 좋다. 어떤 사물이건 거기에 이름이 붙으면 그 사물의 개념이 형성된다. 다시 말하면, 그 사물의 의미가 확정된다. 그러므로 우리가 쓰고 있는 언어는 모두가 사물을 대상화하여 그것에 의미를 부여하는 이름이라고 할 수 있다.

① 정보적 기능
② 친교적 기능
③ 명령적 기능
④ 관어적 기능

21. 다음의 글을 읽고 박 대리가 저지른 실수를 바르게 이해한 것은?

> 직장인 박 대리는 매주 열리는 기획회의에서 처음으로 발표를 할 기회를 얻었다. 박 대리는 자신이 할 수 있는 문장실력을 총 동원하여 4페이지의 기획안을 작성하였다. 기획회의가 열리고 박 대리는 기획안을 당당하게 읽기 시작하였다. 2페이지를 막 읽으려던 때, 부장이 한 마디를 했다. "박 대리, 그걸 전부 읽을 셈인가? 결론이 무엇인지만 말하지." 그러자 박 대리는 자신이 작성한 기획안을 전부 발표하지 못하고 중도에 대충 결론을 맺어 발표를 마무리하게 되었다.

① 박 대리의 기획안에는 첨부파일이 없었다.

② 박 대리의 발표는 너무 시간이 길었다.

③ 박 대리의 기획안에는 참신한 아이디어가 없었다.

④ 박 대리의 발표는 간결하지 못하고 시각적인 부분이 부족했다.

┃22~23┃ 다음 글을 읽고 물음에 답하시오.

(가) 바야흐로 "21세기는 문화의 세기가 될 것이다."라는 전망과 주장은 단순한 바람의 차원을 넘어서 보편적 현상으로 인식되고 있다. 이러한 현상은 세계 질서가 유형의 자원이 힘이 되었던 산업사회에서 눈에 보이지 않는 무형의 지식과 정보가 경쟁력의 원천이 되는 지식 정보 사회로 재편되는 것과 맥을 같이 한다.

(나) 지금까지의 산업사회에서 문화와 경제는 각각 독자적인 영역을 유지해 왔다. 그러나 지식정보사회에서는 경제성장에 따라 소득 수준이 향상되고 교육 기회가 확대되면서 물질적 풍요를 뛰어넘는 삶의 질을 고민하게 되었고, 모든 재화와 서비스를 선택할 때 기능성을 능가하는 문화적, 미적 가치를 고려하게 되었다.

(다) 이제 문화는 배부른 자나 유한계급의 전유물이 아니라 생활 그 자체가 되었다. 고급문화와 대중문화의 경계가 무너지고 장르 간 구분이 모호해지면서 서로 다른 문화가 뒤섞여 새로운 문화가 생겨나고 있다. 이렇게 해서 나타나는 퓨전 문화가 대중적 관심을 끌고 있는 가운데 이율배반적인 것처럼 보였던 문화와 경제의 공생 시대가 열린 것이다.

(라) 특히 경제적 측면에서 문화는 고전 경제학에서 말하는 생산의 3대 요소인 토지·노동·자본을 대체하는 생산 요소가 되었을 뿐만 아니라 경제적 자본 이상의 주요한 자본이 되고 있다.

22. 주어진 글의 내용과 일치하지 않는 것은?

① 문화와 경제가 서로 도움이 되는 보완적 기능을 하는 공생 시대가 열렸다.

② 산업사회에서 문화와 경제는 각각 독자적인 영역을 유지해 왔다.

③ 고급문화와 대중문화가 각자의 영역을 확고히 굳히며 그 깊이를 더하고 있다.

④ 경제적 측면에서 문화는 생산 요소이며 주요한 자본이 되고 있다.

23. 주어진 글의 흐름에서 볼 때 아래의 글이 들어갈 적절한 곳은?

> 뿐만 아니라 정보통신이 급격하게 발달함에 따라 세계 각국의 다양한 문화를 보다 빠르게 수용하면서 문화적 욕구와 소비를 가속화시켰고, 그 상황 속에서 문화와 경제는 서로 도움이 되는 보완적 기능을 하게 되었다.

① (가) 앞   ② (가)와 (나) 사이

③ (나)와 (다) 사이   ④ (다)와 (라) 사이

24. 다음과 같이 상사 앞으로 팩스 전송된 심포지엄 초청장을 수령하였다. 상사는 현재 출장 중이며 5월 29일 귀국 예정이다. 부하직원의 대처로서 가장 적절하지 않은 것은?

> 1. 일시 : 2012년 5월 31일(목) 13:30~17:00
> 2. 장소 : 미래연구소 5층 회의실
> 3. 기타 : 회원(150,000원) / 비회원(200,000원)
> 4. 발표주제 : 지식경영의 주체별 역할과 대응방향
>   A. 국가 : 지식국가로 가는 길(미래 연구소 류상영 실장)
>   B. 기업 : 한국기업 지식경영모델(S연수원 김영수 이사)
>   C. 지식인의 역할과 육성방안(S연수원 황철 이사)
> 5. 문의 및 연락처 : 송수현 대리(전화 02-3780-8025)

① 상사의 일정가능여부 확인 후 출장 중에 있는 상사에게 간략하게 심포지엄 내용을 보고한다.

② 선임 대리에게 연락하여 참여인원 제한여부 등 관련 정보를 수집한다.

③ 상사가 이미 5월 31일 다른 일정이 있으므로 선임 대리에게 상사가 참석 불가능하다는 것을 알린다.

④ 상사에게 대리참석여부를 확인하여 관련자에게 상사의 의사가 전달될 수 있도록 한다.

25. 다음은 늘푸른 테니스회 모임의 회원명단이다. 적당한 분류법에 대한 설명 중 가장 적절한 것은?

금철영	손영자	한미숙	정민주	허민홍
김상진	나영주	채진경	박일주	송나혜
남미영	송진주	이기동	임창주	이종하
백승일	하민영	박종철	강철민	고대진

① 남녀 구분한 후 명칭별로 정리하여 색인 카드가 필요하다.
② 지역별로 분류한 다음에 명칭별로 구분하여 장소에 따른 문서의 집합이 가능하다.
③ 명칭별 분류에 따라 정리하여 색인이 불필요하다.
④ 주민등록번호별 정리방법을 이용하여 회원의 보안성을 유지하도록 한다.

26. 직업이 각기 다른 A, B, C, D 네 사람이 여행을 떠나기 위해 기차의 한 차 안에 앉아 있다. 네 사람은 모두 색깔이 다른 옷을 입었고 두 사람씩 얼굴을 마주하고 앉아 있다. 그 중 두 사람은 창문 쪽에, 나머지 두 사람은 통로 쪽에 앉아 있으며 다음과 같은 사실들을 알고 있다. 다음에서 이 모임의 회장과 부회장의 직업을 순서대로 바르게 짝지은 것은?

㉠ 경찰은 B의 왼쪽에 앉아 있다.
㉡ A는 파란색 옷을 입고 있다.
㉢ 검은색 옷을 입고 있는 사람은 의사의 오른쪽에 앉아 있다.
㉣ D의 맞은편에 외교관이 앉아 있다.
㉤ 선생님은 초록색 옷을 입고 있다.
㉥ 경찰은 창가에 앉아 있다.
㉦ 갈색 옷을 입은 사람이 모임 회장이며, 파란색 옷을 입은 사람이 부회장이다.
㉧ C와 D는 서로 마주보고 앉아있다.

① 회장 – 의사   부회장 – 외교관
② 회장 – 의사   부회장 – 경찰
③ 회장 – 경찰   부회장 – 의사
④ 회장 – 외교관   부회장 – 선생님

│27~28│ 다음은 국민연금의 사업장 가입자 자격취득 신고와 관련한 내용의 안내 자료이다. 다음을 읽고 이어지는 물음에 답하시오.

가. 신고대상
(1) 18세 이상 60세 미만인 사용자 및 근로자(단, 본인의 신청에 의해 적용 제외 가능)
(2) 단시간근로자로 1개월 이상, 월 60시간(주 15시간) 이상 일하는 사람
(3) 일용근로자로 사업장에 고용된 날부터 1개월 이상 근로하고, 근로일수가 8일 이상 또는 근로시간이 월 60시간 이상인 사람
   ※ 단, 건설일용근로자는 공사현장을 사업장 단위로 적용하며, 1개월간 근로일수가 20일 이상인 경우 사업장 가입자로 적용
(4) 조기노령연금 수급권자로서 소득이 있는 업무에 종사하거나, 본인이 희망하여 연금지급이 정지된 사람
   ※ 소득이 있는 업무 종사 : 월 2,176,483원(2017년 기준, 사업소득자 필요경비 공제 후 금액, 근로소득자 근로 소득공제 후 금액)이 넘는 소득이 발생되는 경우
(5) 월 60시간 미만인 단시간근로자 중 생업목적으로 3개월 이상 근로를 제공하기로 한 대학 시간강사 또는 사용자 동의를 받아 근로자 적용 희망하는 사람

나. 근로자의 개념
(1) 근로자 : 직업의 종류에 관계없이 사업장에서 노무를 제공하고 그 대가로 임금을 받아 생활하는 자(법인의 이사, 기타 임원 포함)
(2) 근로자에서 제외되는 자
   • 일용근로자나 1개월 미만의 기한을 정하여 사용되는 근로자
     ※ 다만, 1개월 이상 계속 사용되는 경우에는 자격 취득신고 대상임
   • 법인의 이사 중 「소득세법」에 따른 근로소득이 발생하지 않는 사람
   • 1개월 동안의 소정근로시간이 60시간 미만인 단시간근로자. 다만, 해당 단시간근로자 중 생업을 목적으로 3개월 이상 계속하여 근로를 제공하는 사람으로서, 대학 시간강사와 사용자의 동의를 받아 근로자로 적용되기를 희망하는 사람은 제외함
   • 둘 이상 사업장에 근로를 제공하면서 각 사업장의 1개월 소정근로시간의 합이 60시간 이상인 사람으로서 1개월 소정근로시간이 60시간 미만인 사업장에서 근로자로 적용되기를 희망하는 사람(2016. 1. 1. 시행)
(3) 생업 목적 판단 기준 : 생업 목적은 원칙적으로 "다른 직업이 없는 경우"를 말하며, 다음의 경우에는 다른 직업이 있는 것으로 보아 생업 목적에 해당되지 않음
   • 국민연금 사업장가입자로 이미 가입되어 있거나,
   • 국민연금 지역가입자(소득신고자에 한함)로 사업자등록자의 경우 또는 다른 공적소득이 많은 경우

다. 자격취득시기

(1) 사업장이 1인 이상의 근로자를 사용하게 된 때
(2) 국민연금 적용사업장에 근로자 또는 사용자로 종사하게 된 때
(3) 임시·일용·단시간근로자가 당연적용 사업장에 사용된 때 또는 근로자로 된 때
(4) 국민연금 가입사업장의 월 60시간 미만 단시간근로자 중 생업을 목적으로 3개월 이상 근로를 제공하는 사람(대학 시간강사 제외)의 가입신청이 수리된 때
(5) 둘 이상의 사업장에서 1개월 소정근로시간의 합이 60시간 이상이 되는 단시간근로자의 가입신청이 수리된 때

※ 신고를 하지 않는 경우 근로자의 청구 또는 공단 직권으로 확인 시 자격 취득

27. 다음 중 위 안내 자료의 내용을 올바르게 이해한 것은 어느 것인가?

① 근로일수가 8일 이상인 건설일용근로자는 신고대상이 된다.
② 월 300만 원의 세후 소득이 있는 조기노령연금 수급권자는 신고대상이 될 수 없다.
③ 근로시간이 월 70시간인 1년 계약 대학 시간강사는 신고대상이 될 수 있다.
④ 지역가입자 중 공적소득이 많은 것으로 인정되는 자는 근로자의 개념에 포함되지 않는다.

28. 다음 보기에 제시된 사람 중 국민연금 사업장 가입자 자격 취득 신고를 해야 하는 사람은 누구인가?

① 두 개의 사업장에서 도합 60시간 근로하는 사람으로 추가 사업장에서 매주 2시간씩의 근로를 제공하는 근로자가 되기를 희망하는 자
② 월 50시간, 3개월 계약 조건을 맺은 생업을 목적으로 한 대학 시간강사
③ 근로계약 기간을 연장 없이 처음부터 1개월 미만으로 정하고 근로를 시작한 근로자
④ K사(법인)의 명예직 전무이사로 소득이 발생하지 않는 자

29. 다음은 학생들의 영어 성적과 수학 성적에 관한 상관도이다. 영어 성적에 비해 수학 성적이 높은 학생은?

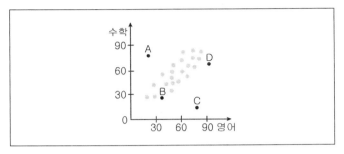

① A ② B
③ C ④ D

30. 갑동이는 올해 10살이다. 엄마의 나이는 갑동이와 누나의 나이를 합한 값의 두 배이고, 3년 후의 엄마의 나이는 누나의 나이의 세 배일 때, 올해 누나의 나이는 얼마인가?

① 12세
② 13세
③ 14세
④ 15세

31. 민수와 동기 두 사람이 다음과 같이 게임을 하고 있다. 만약 같은 수의 앞면이 나오면 동기가 이긴다고 할 때 민수가 이길 수 있는 확률은 얼마인가?

• 민수는 10개의 동전을 던진다.
• 동기는 11개의 동전을 민수와 동시에 던진다.
• 민수가 동기보다 앞면의 개수가 많이 나오면 민수가 이긴다.
• 그렇지 않으면 동기가 이긴다.

① 10% ② 25%
③ 50% ④ 75%

32. 아래 표는 어떤 보험 회사에 하루 동안 청구되는 보상 건수와 확률이다. 이틀 연속으로 청구된 보상 건수의 합이 2건 미만일 확률은? (단, 첫째 날과 둘째 날에 청구되는 보상건수는 서로 무관하다.)

보상 건수	0	1	2	3 이상
확률	0.4	0.3	0.2	0.1

① 0.4   ② 0.5

③ 0.6   ④ 0.7

33. 어느 학교에서 500명의 학생들을 대상으로 A, B, C 3가지의 시험을 시행하여 다음과 같은 결과를 얻었다. A, B, C 시험에 모두 불합격한 학생은 몇 명인가?

- A의 합격자는 110명, B의 불합격자는 250명, C의 합격자는 200명이다.
- A와 C 모두에 합격한 학생은 45명, B와 C 모두에 합격한 학생은 60명이다.
- B에만 합격한 학생은 90명이다.
- 3가지 시험 모두에 합격한 학생은 30명이다.

① 140명   ② 145명

③ 150명   ④ 155명

34. (주)서원산업은 신제품을 개발한 후 가격을 결정하기 위하여 시장조사를 하여 다음과 같은 결과를 얻었다. 이 결과를 감안할 때 판매 총액이 최대가 되는 신제품의 가격은 얼마인가?

- 가격을 10만 원으로 하면 총 360대가 팔린다.
- 가격을 1만 원 올릴 때마다 판매량은 20대씩 줄어든다.

① 11만 원   ② 12만 원

③ 13만 원   ④ 14만 원

35. 다음은 2017년 ○○시 '가 ~ '다' 지역의 아파트 실거래 가격지수를 나타낸 것이다. 이에 대한 설명으로 옳은 것은?

월 \ 지역	가	나	다
1	100.0	100.0	100.0
2	101.1	101.6	99.9
3	101.9	103.2	100.0
4	102.6	104.5	99.8
5	103.0	105.5	99.6
6	103.8	106.1	100.6
7	104.0	106.6	100.4
8	105.1	108.3	101.3
9	106.3	110.7	101.9
10	110.0	116.9	102.4
11	113.7	123.2	103.0
12	114.8	126.3	102.6

※ N월 아파트 실거래 가격지수
$$= \frac{\text{해당 지역의 } N\text{월 아파트 실거개 가격}}{\text{해당 지역의 1월 아파트 실거래 가격}} \times 100$$

① '가' 지역의 12월 아파트 실거래 가격은 '다' 지역의 12월 아파트 실거래 가격보다 높다.

② '나' 지역의 아파트 실거래 가격은 다른 두 지역의 아파트 실거래 가격보다 매월 높다.

③ '다' 지역의 1월 아파트 실거래 가격과 3월 아파트 실거래 가격은 같다.

④ '가' 지역의 1월 아파트 실거래 가격이 1억 원이라면 '가' 지역의 7월 아파트 실거래 가격은 1억 4천만 원이다.

〈65세 이상 노인인구 대비 기초 (노령)연금 수급자 현황〉

(단위 : 명, %)

연도	65세 이상 노인인구	기초(노령) 연금수급자	국민연금 동시 수급자
2009	5,267,708	3,630,147	719,030
2010	5,506,352	3,727,940	823,218
2011	5,700,972	3,818,186	915,543
2012	5,980,060	3,933,095	1,023,457
2013	6,250,986	4,065,672	1,138,726
2014	6,520,607	4,353,482	1,323,226
2015	6,771,214	4,495,183	1,444,286
2016	6,987,489	4,581,406	1,541,216

〈가구유형별 기초연금 수급자 현황(2016년)〉

(단위 : 명, %)

65세 이상 노인 수	수급자 수					수급률
	계	단독가구	부부가구			
			소계	1인수급	2인수급	
6,987,489	4,581,406	2,351,026	2,230,380	380,302	1,850,078	65.6

36. 위 자료를 참고할 때, 2009년 대비 2016년의 기초연금 수급률 증감률은 얼마인가? (백분율은 반올림하여 소수 첫째 자리까지만 표시함)

① -2.7% ② -3.2%

③ -3.6% ④ -4.8%

37. 다음 중 위의 자료를 올바르게 분석한 것이 아닌 것은?

① 기초연금 수급자 대비 국민연금 동시 수급자의 비율은 2009년 대비 2016년에 증가하였다.

② 2016년 1인 수급자는 전체 기초연금 수급자의 약 17%에 해당한다.

③ 2016년 단독가구 수급자는 전체 수급자의 50%가 넘는다.

④ 2009년 대비 2016년의 65세 이상 노인인구 증가율보다 기초연금수급자의 증가율이 더 낮다.

38. 공무원연금공단은 다음 기준에 따라 사망조위금을 지급하고 있다. 기준을 근거로 판단할 때 옳게 판단한 직원을 모두 고르면? (단, 사망조위금은 최우선 순위의 수급권자 1인에게만 지급한다)

〈사망조위금 지급기준〉

사망자	수급권자 순위	
공무원의 배우자·부모 (배우자의 부모 포함)·자녀	해당 공무원이 1인인 경우	해당 공무원
	해당 공무원이 2인 이상인 경우	1. 사망한 자의 배우자인 공무원 2. 사망한 자를 부양하던 직계비속인 공무원 3. 사망한 자의 최근친 직계비속인 공무원 중 최연장자 4. 사망한 자의 최근친 직계비속의 배우자인 공무원 중 최연장자 직계비속의 배우자인 공무원
공무원 본인	1. 사망한 공무원의 배우자 2. 사망한 공무원의 직계비속 중 공무원 3. 장례와 제사를 모시는 자 중 아래의 순위 　가. 사망한 공무원의 최근친 직계비속 중 최연장자 　나. 사망한 공무원의 최근친 직계존속 중 최연장자 　다. 사망한 공무원의 형제자매 중 최연장자	

甲 : A와 B는 비(非)공무원 부부이며 공무원 C(37세)와 공무원 D(32세)를 자녀로 두고 있다. 공무원 D가 부모님을 부양하던 상황에서 A가 사망하였다면, 사망조위금 최우선 순위 수급권자는 D이다.

乙 : A와 B는 공무원 부부로 비공무원 C를 아들로 두고 있으며, 공무원 D는 C의 아내이다. 만약 C가 사망하였다면, 사망조위금 최우선 순위 수급권자는 A이다.

丙 : 공무원 A와 비공무원 B는 부부이며 비공무원 C(37세)와 비공무원 D(32세)를 자녀로 두고 있다. A가 사망하고 C와 D가 장례와 제사를 모시는 경우, 사망조위금 최우선 순위 수급권자는 C이다.

① 甲 ② 乙

③ 丙 ④ 甲, 乙

39. 다음은 2008 ~ 2017년 5개 자연재해 유형별 피해금액에 관한 자료이다. 이에 대한 설명으로 옳은 것만을 모두 고른 것은?

5개 자연재해 유형별 피해금액

(단위 : 억 원)

연도 유형	2008	2009	2010	2011	2012	2013	2014	2015	2016	2017
태풍	3,416	1,385	118	1,609	9	0	1,725	2,183	8,765	17
호우	2,150	3,520	19,063	435	581	2,549	1,808	5,276	384	1,581
대설	6,739	5,500	52	74	36	128	663	480	204	113
강풍	0	93	140	69	11	70	2	0	267	9
풍랑	0	0	57	331	0	241	70	3	0	0
전체	12,305	10,498	19,430	2,518	637	2,988	4,268	7,942	9,620	1,720

㉠ 2008 ~ 2017년 강풍 피해금액 합계는 풍랑 피해금액 합계보다 적다.

㉡ 2016년 태풍 피해금액은 2016년 5개 자연재해 유형 전체 피해금액의 90% 이상이다.

㉢ 피해금액이 매년 10억 원보다 큰 자연재해 유형은 호우뿐이다.

㉣ 피해금액이 큰 자연재해 유형부터 순서대로 나열하면 2014년과 2015년의 순서는 동일하다.

① ㉠㉡
② ㉠㉢
③ ㉢㉣
④ ㉠㉡㉣

40. 다음은 ○○발전회사의 연도별 발전량 및 신재생에너지 공급 현황에 대한 자료이다. 이에 대한 설명으로 옳은 것만을 바르게 짝 지은 것은?

○○발전회사의 연도별 발전량 및 신재생에너지 공급 현황

구분	연도	2015	2016	2017
발전량(GWh)		55,000	51,000	52,000
신재생 에너지	공급의무율(%)	1.4	2.0	3.0
	자체공급량(GWh)	75	380	690
	인증서구입량(GWh)	15	70	160

※ 공급의무율 $= \dfrac{\text{공급의무량}}{\text{발전량}} \times 100$

※ 이행량(GWh) = 자체공급량 + 인증서구입량

㉠ 공급의무량은 매년 증가한다.

㉡ 2015년 대비 2017년 자체공급량의 증가율은 2015년 대비 2017년 인증서구입량의 증가율보다 작다.

㉢ 공급의무량과 이행량의 차이는 매년 증가한다.

㉣ 이행량에서 자체공급량이 차지하는 비중은 매년 감소한다.

① ㉠㉡
② ㉠㉢
③ ㉢㉣
④ ㉠㉡㉣

41. 다음은 마야의 상형 문자를 기반으로 한 프로그램에 대한 설명이다. 제시된 (그림 4)가 산출되기 위해서 입력한 값은 얼마인가?

현재 우리는 기본수로 10을 사용하는 데 비해 이 프로그램은 마야의 상형 문자를 기본으로 하여 기본수로 20을 사용했습니다. 또 우리가 오른쪽에서 왼쪽으로 가면서 1, 10, 100으로 10배씩 증가하는 기수법을 쓰는 데 비해, 이 프로그램은 아래에서 위로 올라가면서 20배씩 증가하는 방법을 사용했습니다. 즉, 아래에서 위로 자리가 올라갈수록 1, 20, ……, 이런 식으로 증가하는 것입니다.

마야의 상형 문자에서 조개껍데기 모양은 0을 나타냅니다. 또한 점으로는 1을, 선으로는 5를 나타냈습니다. 아래의 (그림 1), (그림 2)는 이 프로그램에 0과 7을 입력했을 때 산출되는 결과입니다. 그럼 (그림 3)의 결과를 얻기 위해서는 얼마를 입력해야 할까요? 첫째 자리는 5를 나타내는 선이 두 개 있으니 10이 되겠고, 둘째 자리에 있는 점 하나는 20을 나타내는데, 점이 두 개 있으니 40이 되겠네요. 그래서 첫째 자리의 10과 둘째 자리의 40을 합하면 50이 되는 것입니다. 즉, 50을 입력하면 (그림 3)과 같은 결과를 얻을 수 있습니다.

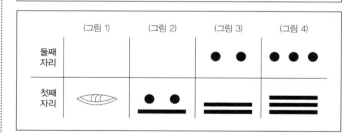

① 60
② 75
③ 90
④ 105

42. 다음 표는 지역별 대형마트 수의 증감에 대한 자료이다. 2011년 대형마트 수가 가장 많은 지역과 가장 적은 지역을 바르게 짝지은 것은?

(단위 : %, 개)

지역	11년 대비 12년 증감률	12년 대비 13년 증감수	13년 대비 14년 증감수	14년 대형마트 수
A	12	1	−1	15
B	15	0	−1	10
C	−10	1	−3	6
D	−14	−3	2	6

※ 2011년 대비 2012년 증감률은 소수점 아래 첫째 자리에서 반올림한 값임.

	가장 많은 지역	가장 적은 지역
①	A	B
②	B	C
③	C	A
④	A	D

43. 다음은 고객 A, B의 금융 상품 보유 현황을 나타낸 것이다. 이에 대한 설명으로 옳은 것만을 모두 고른 것은?

(단위 : 백만 원)

고객 \ 상품	보통 예금	정기 적금	연금보험(채권형)	주식	수익증권(주식형)
A	5	10	6	6	4
B	9	9	5	6	4

> ㉠ 고객 A는 B보다 요구불 예금의 금액이 더 작다.
> ㉡ 고객 B는 배당수익보다 이자수익을 받을 수 있는 금융 상품의 금액이 크다.
> ㉢ 고객 B는 A보다 자산운용회사에 위탁한 금융 상품의 금액이 더 크다.

① ㉠
② ㉢
③ ㉠㉡
④ ㉡㉢

44. 甲공단에 근무하는 乙은 빈곤과 저출산 문제를 해결하기 위한 대안을 분석 중이다. 상황이 다음과 같을 때, 대안별 월 소요 예산 규모를 비교한 것으로 옳은 것은?

> ◈ 현재 상황
> • 전체 1,500가구는 자녀 수에 따라 네 가지 유형으로 구분할 수 있는데, 그 구성은 무자녀 가구 300가구, 한 자녀 가구 600가구, 두 자녀 가구 500가구, 세 자녀 이상 가구 100가구이다.
> • 전체 가구의 월 평균 소득은 200만 원이다.
> • 각 가구 유형의 30%는 맞벌이 가구이다.
> • 각 가구 유형의 20%는 빈곤 가구이다.
> ◈ 대안
> A안 : 모든 빈곤 가구에게 전체 가구 월 평균 소득의 25%에 해당하는 금액을 가구당 매월 지급한다.
> B안 : 한 자녀 가구에는 10만 원, 두 자녀 가구에는 20만 원, 세 자녀 이상 가구에는 30만 원을 가구당 매월 지급한다.
> C안 : 자녀가 있는 모든 맞벌이 가구에 자녀 1명당 30만 원을 매월 지급한다. 다만 세 자녀 이상의 맞벌이 가구에는 일률적으로 가구당 100만 원을 매월 지급한다.

① A < B < C
② A < C < B
③ B < A < C
④ B < C < A

45. 신입사원 교육을 받으러 온 직원들에게 나눠준 조직도를 보고 사원들이 나눈 대화이다. 다음 중 조직도를 올바르게 이해한 사원을 모두 고른 것은?

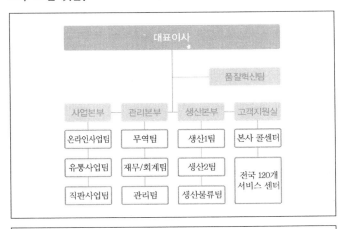

> A : 조직도를 보면 본사는 3개 본부, 1개 지원실, 콜센터를 포함한 총 10개 팀으로 구성되어 있군.
> B : 그런데 품질혁신팀은 따로 본부에 소속되어 있지 않고 대표이사님 직속으로 소속되어 있네.
> C : 전국의 서비스센터는 고객지원실에서 관리해.

① A
② B
③ A, C
④ B, C

46. 다음에 주어진 조직의 특성 중 유기적 조직에 대한 설명을 모두 고른 것은?

> ㉠ 구성원들의 업무가 분명하게 규정되어 있다.
> ㉡ 급변하는 환경에 적합하다.
> ㉢ 비공식적인 상호의사소통이 원활하게 이루어진다.
> ㉣ 엄격한 상하 간의 위계질서가 존재한다.
> ㉤ 많은 규칙과 규정이 존재한다.

① ㉠㉢　　　　　　　　② ㉡㉢
③ ㉡㉤　　　　　　　　④ ㉢㉣

47. 문화 충격(culture shock)은 한 문화권에 속한 사람이 다른 문화를 접하게 되었을 때 체험하는 충격을 의미한다. 이 문화 충격에는 부정적인 영향 뿐 아니라 긍정적인 영향도 함께 존재하게 되는데, 다음 중 문화 충격의 긍정적인 영향으로 보기에 적절하지 않은 것은?

① 끊임없이 변화하는 환경에 대처하는 과정에 새로운 반응이 필요한 체류자에게 배울 기회를 제공한다.
② 대부분의 사람들은 독특하고 특별한 목표를 추구하는 경향이 있어서 문화 충격은 우리들에게 새로운 자아실현과 목표를 이룰 동기가 될 수 있다.
③ 문화 충격은 극단적으로 높은 수준의 불안을 제공하여 그로 인한 학습량이 늘어나게 해 주는 역할을 하기도 한다.
④ 문화 충격은 문화 배경이 다른 사람들을 다루는 과정을 통하여 해외 체류자에게 도전과 성취감을 줄 수 있다.

【48~50】 다음은 L기업의 회의록이다. 다음을 보고 물음에 답하시오.

〈회의록〉			
일시	2015. 00. 00 10:00~12:00	장소	7층 소회의실
참석자	영업본부장, 영업1부장, 영업2부장, 기획개발부장 불참자(1명) : 영업3부장(해외출장)		
회의제목	고객 관리 및 영업 관리 체계 개선 방안 모색		
의안	고객 관리 체계 개선 방법 및 영업 관리 대책 모색 – 고객 관리 체계 확립을 위한 개선 및 A/S 고객의 만족도 증진방안 – 자사 영업직원의 적극적인 영업활동을 위한 개선방안		
토의 내용	㉠ 효율적인 고객관리 체계의 개선 방법 • 고객 관리를 위한 시스템 정비 및 고객관리 업무 전담 직원 증원이 필요(영업2부장) • 영업부와 기획개발부 간의 지속적인 제품 개선 방안 협의 건의(기획개발부장) • 영업 조직 체계를 제품별이 아닌 기업별 담당제로 전환(영업1부장) • 고객 정보를 부장차원에서 통합관리(영업2부장) • 각 부서의 영업직원의 고객 방문 스케줄 공유로 방문처 중복을 방지(영업1부장) ㉡ 자사 영업직원의 적극적인 영업활동을 위한 개선방안 • 영업직원의 영업능력을 향상시키기 위한 교육 프로그램 운영(영업본부장)		
협의사항	㉠ IT본부와 고객 리스트 관리 프로그램 교체를 논의해보기로 함 ㉡ 인사과와 협의하여 추가 영업 사무를 처리하는 전담 직원을 채용할 예정임 ㉢ 인사과와 협의하여 연 2회 교육 세미나를 실시함으로 영업교육과 프레젠테이션 기술 교육을 받을 수 있도록 함 ㉣ 기획개발부와 협의하여 제품에 대한 자세한 이해와 매뉴얼 숙지를 위해 신제품 출시에 맞춰 영업직원을 위한 설명회를 열도록 함 ㉤ 기획개발부와 협의하여 주기적인 회의를 갖도록 함 ㉥ 재무과와 고객 리스트 관리 프로그램 교체에 소요되는 비용에 대해 협의 예정		

48. 다음 중 본 회의록으로 이해할 수 있는 내용이 아닌 것은?

① 회의 참석 대상자는 총 5명이었다.
② 영업본부의 업무 개선을 위한 회의이다.
③ 교육 세미나의 강사는 인사과의 담당직원이다.
④ 영업1부와 2부의 스케줄 공유가 필요하다.

49. 다음 중 회의 후에 영업부가 협의해야 할 부서가 아닌 것은?

① IT본부
② 인사과
③ 기획개발부
④ 비서실

50. 회의록을 보고 영업부 교육 세미나에 대해 알 수 있는 내용이 아닌 것은?

① 교육내용
② 교육일시
③ 교육횟수
④ 교육목적

51. 고객 서비스에 대한 설명으로 옳지 않은 것은?

① 고객에게 제공하고자 하는 서비스의 내용을 소개하고 소비를 촉진시키기 위해 사전에 잠재 고객들과 상담 등을 통해 예약을 받는 등 의견조절을 하고, 방문고객을 위해 사전에 상품을 진열하는 등의 준비하는 단계의 서비스는 사전서비스에 해당한다.
② 서비스의 특성상 생산과 소비가 동시에 발생하므로 현장서비스가 종료되면 그 후에는 아무 일도 없던 것처럼 보이지만, 실제로는 고객유지를 위해 사후 서비스도 매우 중요하다.
③ 현장서비스는 서비스가 고객과 제공자의 상호거래에 의해 진행되는 단계로 서비스의 본질 부분이라 할 수 있다.
④ 주차유도원서비스, 상품게시판 예약서비스는 현장서비스에 해당한다.

52. 다음 중 아래의 표와 연관되는 내용으로 보기 어려운 것은?

직무번호		직무명		소속	
직군		직종		등급	
직무개요					

▲ 수행요건

일반요건	남녀별적성		최적연령범위	
	기초학력		특수자격	
	전공계열		전공학과	
	필요숙련기간		전환/가능부 서/직무	
	기타			

소요능력	지식	종류	세부내용 및 소요정도
	학술적 지식		
	실무적 지식		

① 주로 인적요건에 초점을 두고 있다.
② 통상적으로 기업 조직에서 업무를 세분화 및 구체화해서 구성원들의 능력에 따른 업무 범위를 적절히 설정하기 위해 사용된다.
③ 기업 내 생산성을 높이기 위한 수단으로 사용된다.
④ 구성원들의 직무분석의 결과를 토대로 만들어진 것이다.

53. 다음 중 고객만족에 대한 정의로 보기 어려운 것은?

① 고객이 느끼는 어떤 가치에 대해서 적절한 보상 또는 부적절한 보상을 받았다는 느낌을 가지는 심리상태를 말한다.
② 고객의 경험과정과 결과에 따라 만족감이 달라지는 현상이다.
③ 소비자의 성취반응으로 소비자의 판단이다.
④ 고객에게 주어진 서비스 또는 제품의 수준이 고객의 기대와 얼마만큼 일치하는가의 척도이다.

│54~55│ 甲은 일본 후쿠오카로 출장을 가게 되었다. 출장에서 들러야 할 곳은 지요겐초구치(H03), 무로미(K02), 후쿠오카공항(K13), 자야미(N09), 덴진미나미(N16)의 다섯 곳으로, 모든 이동은 지하철로 하는데 지하철이 한 정거장을 이동하는 데에는 3분이 소요되며 다른 노선으로 환승을 하는 경우에는 10분이 소요된다. 다음 물음에 답하시오.

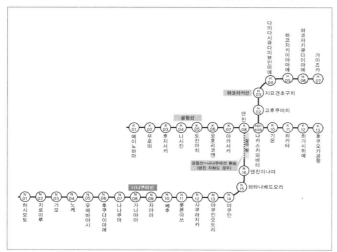

54. 甲은 지금 후쿠오카공항역에 있다. 현재 시간이 오전 9시라면, 지요겐초구치역에 도착하는 시간은?

① 9시 28분

② 9시 31분

③ 9시 34분

④ 9시 37분

55. 지요겐초구치 → 무로미 → 후쿠오카공항 → 자야미 → 덴진미나미의 순으로 움직인다면, 덴진역은 총 몇 번 지나는가?

① 2번

② 3번

③ 4번

④ 5번

56. 甲 주식회사의 감사위원회는 9인으로 구성되어 있다. 다음에 제시된 법률 규정에서 밑줄 친 부분에 해당하지 않는 사람은?

감사위원회는 3인 이상의 이사로 구성한다. 다만 <u>다음 각 호에 해당하는 자</u>가 위원의 3분의 1을 넘을 수 없다.
1. 회사의 업무를 담당하는 이사 및 피용자(고용된 사람) 또는 선임된 날부터 2년 이내에 업무를 담당한 이사 및 피용자이었던 자
2. 최대 주주가 자연인인 경우 본인, 배우자 및 직계존·비속
3. 최대 주주가 법인인 경우 그 법인의 이사, 감사 및 피용자
4. 이사의 배우자 및 직계존·비속
5. 회사의 모회사 또는 자회사의 이사, 감사 및 피용자
6. 회사와 거래관계 등 중요한 이해관계에 있는 법인의 이사, 감사 및 피용자
7. 회사의 이사 및 피용자가 이사로 있는 다른 회사의 이사, 감사 및 피용자

---

① 甲 주식회사 최대 주주 A의 법률상의 배우자

② 甲 주식회사와 하청계약을 맺고 있는 乙 주식회사의 감사 B

③ 甲 주식회사 이사 C의 자녀

④ 甲 주식회사의 모회사인 丁 주식회사의 최대 주주 F

57. 다음 워크시트에서처럼 주민등록번호가 입력되어 있을 때, 이 셀의 값을 이용하여 [C1] 셀에 성별을 '남' 또는 '여'로 표시하고자 한다. [C1] 셀에 입력해야 하는 수식은? (단, 주민등록번호의 8번째 글자가 1이면 남자, 2이면 여자이다)

	A	B	C
1	임나라	870808-2235672	
2	정현수	850909-1358527	
3	김동하	841010-1010101	
4	노승진	900202-1369752	
5	은봉미	890303-2251547	

① =CHOOSE(MID(B1,8,1), "여", "남")

② =CHOOSE(MID(B1,8,2), "남", "여")

③ =CHOOSE(MID(B1,8,1), "남", "여")

④ =IF(RIGHT(B1,8)="1", "남", "여")

다음 완소그룹 물류창고의 책임자와 각 창고 내 보관된 제품의 코드 목록을 보고 물음에 답하시오.

책임자	제품코드번호	책임자	제품코드번호
권두완	17015N0301200013	노완희	17028S0100500023
공덕영	17051C0100200015	박근동	16123G0401800008
심근동	17012F0200900011	양균호	17026P0301100004
정용준	16113G0100100001	박동신	17051A0200700017
김영재	17033H0301300010	권현종	17071A0401500021

ex) 제품코드번호

2017년 3월에 성남 3공장에서 29번째로 생산된 주방용품 앞치마 코드

1703	1C	01005	00029
(생산연월)	(생산공장)	(제품종류)	(생산순서)

생산연월	생산공장		제품종류			생산순서
	지역코드	고유번호	분류코드	고유번호		
• 1611 －2016년 11월 • 1706 －2017년 6월	1 성남	A 1공장	01 주방용품	001	주걱	00001부터 시작하여 생산순서대로 5자리의 번호가 매겨짐
		B 2공장		002	밥상	
		C 3공장		003	쟁반	
	2 구리	D 1공장		004	접시	
		E 2공장		005	앞치마	
		F 3공장		006	냄비	
	3 창원	G 1공장	02 청소도구	007	빗자루	
		H 2공장		008	쓰레받기	
		I 3공장		009	봉투	
	4 서산	J 1공장		010	대걸레	
		K 2공장	03 가전제품	011	TV	
		L 3공장		012	전자레인지	
	5 원주	M 1공장		013	가스레인지	
		N 2공장		014	컴퓨터	
	6 강릉	O 1공장	04 세면도구	015	치약	
		P 2공장		016	칫솔	
	7 진주	Q 1공장		017	샴푸	
		R 2공장		018	비누	
	8 합천	S 1공장		019	타월	
		T 2공장		020	린스	

58. 완소그룹의 제품 중 2017년 5월에 합천 1공장에서 36번째로 생산된 세면도구 비누의 코드로 알맞은 것은?

① 17058S0401800036

② 17058S0401600036

③ 17058T0402000036

④ 17058T0401800036

59. 2공장에서 생산된 제품들 중 현재 물류창고에 보관하고 있는 가전제품은 모두 몇 개인가?

① 1개   ② 2개

③ 3개   ④ 4개

60. 다음 중 창원 1공장에서 생산된 제품을 보관하고 있는 물류창고의 책임자들끼리 바르게 연결된 것은?

① 김영재 － 박동신

② 정용준 － 박근동

③ 권두완 － 양균호

④ 공덕영 － 권현종

국민연금공단

직업기초능력평가

[시간선택제/고졸]

제 3 회	영 역	의사소통능력, 문제해결능력, 수리능력, 조직이해능력, 정보능력
	문항수	60문항
	시 간	60분
	비 고	객관식 4지선다형

SEOWONGAK
(주)서원각

제3회 직업기초능력평가

1. 원고 甲은 피고 乙을 상대로 대여금반환청구의 소를 제기하였다. 이후 절차에서 甲은 丙을, 乙은 丁을 각각 증인으로 신청하였으며 해당 재판부(재판장 A, 합의부원 B와 C)는 丙과 丁을 모두 증인으로 채택하였다. 다음 내용을 바탕으로 옳은 것은?

제1조
① 증인신문은 증인을 신청한 당사자가 먼저 하고, 다음에 다른 당사자가 한다.
② 재판장은 제1항의 신문이 끝난 뒤에 신문할 수 있다.
③ 재판장은 제1항과 제2항의 규정에 불구하고 언제든지 신문할 수 있다.
④ 재판장은 당사자의 의견을 들어 제1항과 제2항의 규정에 따른 신문의 순서를 바꿀 수 있다.
⑤ 당사자의 신문이 중복되거나 쟁점과 관계가 없는 때, 그 밖에 필요한 사정이 있는 때에 재판장은 당사자의 신문을 제한할 수 있다.
⑥ 합의부원은 재판장에게 알리고 신문할 수 있다.

제2조
① 증인은 따로따로 신문하여야 한다.
② 신문하지 않은 증인이 법정 안에 있을 때에는 법정에서 나가도록 명하여야 한다. 다만 필요하다고 인정한 때에는 신문할 증인을 법정 안에 머무르게 할 수 있다.

제3조 재판장은 필요하다고 인정한 때에는 증인 서로의 대질을 명할 수 있다.

제4조 증인은 서류에 의하여 진술하지 못한다. 다만 재판장이 허가하면 그러하지 아니하다.

※ 당사자 : 원고, 피고를 가리킨다.

---

① 丙을 신문할 때 A는 乙보다 먼저 신문할 수 없다.
② 甲의 丙에 대한 신문이 쟁점과 관계가 없는 때, A는 甲의 신문을 제한할 수 있다.
③ A가 丁에 대한 신문을 乙보다 甲이 먼저 하게 하려면, B와 C의 의견을 들어야 한다.
④ 丙과 丁을 따로따로 신문해야 하는 것이 원칙이지만, B는 필요하다고 인정한 때 丙과 丁의 대질을 명할 수 있다.

2. 다음 글의 이후에 이어질 만한 내용으로 가장 거리가 먼 것은 어느 것인가?

철도교통의 핵심 기능인 정거장의 위치 및 역간거리는 노선, 열차평균속도, 수요, 운송수입 등에 가장 큰 영향을 미치는 요소로 고속화, 기존선 개량 및 신선 건설시 주요 논의의 대상이 되고 있으며, 과다한 정차역은 사업비를 증가시켜 철도투자를 저해하는 주요 요인으로 작용하고 있다.

한편, 우리나라의 평균 역간거리는 고속철도 46km, 일반철도 6.7km, 광역철도 2.1km로 이는 외국에 비해 59~84% 짧은 수준이다. 경부고속철도의 경우 천안·아산역~오송역이 28.7km, 신경주역~울산역이 29.6km 떨어져 있는 등 1990년 기본계획 수립 이후 오송, 김천·구미, 신경주, 울산역 등 다수의 역 신설로 인해 운행 속도가 저하되어 표정속도가 선진국의 78% 수준이며, 경부선을 제외한 일반철도의 경우에도 표정속도가 45~60km/h 수준으로 운행함에 따라 타 교통수단 대비 속도경쟁력이 저하된 실정이다. 또한, 추가역 신설에 따른 역간거리 단축으로 인해 건설비 및 운영비의 대폭 증가도 불가피한 바, 경부고속철도의 경우 오송역 등 4개 역 신설로 인한 추가 건설비는 약 5,000억 원에 달한다. 운행시간도 당초 서울~부산 간 1시간 56분에서 2시간 18분으로 22분 지연되었으며, 역 추가 신설에 따른 선로분기기, 전환기, 신호기 등 시설물이 추가로 설치됨에 따라 유지보수비 증가 등 과잉 시설의 한 요인으로 작용했다. 이러한 역간 거리와 관련하여 도시철도의 경우 도시철도건설규칙에서 정거장 간 거리를 1km 이상으로 규정함으로써 표준 역간거리를 제시하고 있으나, 고속철도, 일반철도 및 광역철도의 정거장 위치와 역간 거리는 교통수요, 정거장 접근거리, 운행속도, 여객 및 화물열차 운행방법, 정거장 건설 및 운영비용, 선로용량 등 단일 차량과 단일 정차패턴이 기본인 도시철도에 비해 복잡한 변수를 내포함으로써 표준안을 제시하기가 용이하지 않았으며 관련 연구가 매우 부족한 상황이다.

---

① 외국의 노선별 역간 거리 비교
② 역간 거리가 철도 운행 사업자에게 미치는 영향 분석
③ 역간 거리 연장을 어렵게 하는 사회적인 요인 파악
④ 역세권 개발과 부동산 시장과의 상호 보완요인 파악

3. 다음은 A 에어컨 업체에서 신입사원들을 대상으로 진행한 강의의 일부이다. '가을 전도' 현상에 대한 이해도를 높이기 위해 추가 자료를 제작하였다고 할 때, 바른 것은?

> 호수의 물은 깊이에 따라 달라지는 온도 분포를 기준으로 세 층으로 나뉘는데, 상층부터 표층, 중층, 그리고 가장 아래 부분인 심층이 그것입니다. 사계절이 뚜렷한 우리나라 같은 온대 지역의 깊은 호수에서는 계절에 따라 물의 상하 이동이 다른 양상을 보입니다.
>
> 여름에는 대기의 온도가 높기 때문에 표층수의 온도도 높습니다. 중층수나 심층수의 온도가 표층수보다 낮고 밀도가 상대적으로 높기 때문에 표층수의 하강으로 인한 중층수나 심층수의 이동은 일어나지 않습니다.
>
> 그런데 가을이 되면 대기의 온도가 떨어지면서 표층수의 온도가 낮아집니다. 그래서 물이 최대 밀도가 되는 4℃에 가까워지면, 약한 바람에도 표층수가 아래쪽으로 가라앉으면서 상대적으로 밀도가 낮은 아래쪽의 물이 위쪽으로 올라오게 됩니다. 이런 현상을 '가을 전도'라고 부릅니다.
>
> 겨울에는 여름과 반대로 표층수의 온도가 중층수나 심층수보다 낮지만 밀도는 중층수와 심층수가 더 높기 때문에 여름철과 마찬가지로 물의 전도 현상이 일어나지 않습니다. 그러나 봄이 오면서 얼음이 녹고 표층수의 온도가 4℃까지 오르게 되면 물의 전도 현상을 다시 관찰할 수 있습니다. 이것을 '봄 전도'라고 부릅니다.
>
> 이러한 봄과 가을의 전도 현상을 통해 호수의 물이 순환하게 됩니다.

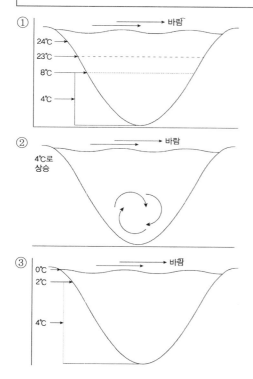

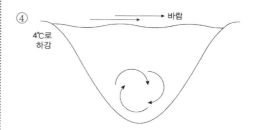

│4~6│ 다음 글을 읽고 물음에 답하시오.

㉮ 일상생활이 너무나 피곤하고 고단할 때, 힘든 일에 지쳐 젖은 솜처럼 몸이 무겁고 눈이 빨갛게 충혈 됐을 때, 단잠처럼 달콤한 게 또 있을까? 우리는 하루 평균 7~8시간을 잔다. 하루의 3분의 1을 잠을 자는 데 쓰는 것이다. 어찌 생각하면 참 아까운 시간이다. 잠을 자지 않고 그 시간에 열심히 일을 해서 돈을 번다면 부자가 되지 않을까? 여기서 잠시 A라는 학생의 생활을 살펴보자.

㉯ A는 잠자는 시간이 너무 아깝다. 그래서 잠을 안자고 열심히 공부하기로 작정한다. A에게 하루쯤 밤을 새는 것은 흔한 일이다. 졸리고 피곤하긴 하지만, 그런대로 학교생활을 해 나갈 수 있다. 하지만, 하루가 지나고 이틀이 지나니 그 증상이 훨씬 심해진다. 눈은 ㉠뻑뻑하고 눈꺼풀은 천 근처럼 무겁다. 옆에서 누가 소리를 지르지 않으면 금방 잠에 빠져 버리고 만다. A는 잠을 자지 않기 위해서 쉴 새 없이 움직인다. 하지만, 너무 졸려서 도저히 공부를 할 수가 없다. 결국 A는 모든 것을 포기하고 깊은 잠에 빠져 버리고 만다.

㉰ 만일, 누군가가 강제로 A를 하루나 이틀 더 못 자게 한다면 어떻게 될까? A는 자기가 있는 곳이 어디인지, 또 자기가 무슨 일을 하러 여기에 와 있는지조차 가물가물할 것이다. 앞에 앉은 사람의 얼굴도 잘 몰라보고 이상한 물체가 보인다고 횡설수설할지도 모른다. 수면 ㉡박탈은 예로부터 ㉢중죄인을 고문하는 방법으로 이용될 정도로 견디기 어려운 것이었다.

㉱ A가 이처럼 잠을 못 잤다면 부족한 잠을 고스란히 보충해야 할까? 그렇지는 않다. 예를 들어, 매일 8시간씩 자던 사람이 어느 날 5시간밖에 못 잤다고 해서 3시간을 더 잘 필요는 없다. 우리 몸은 그렇게 계산적이지 않다. 어쩌면 A가 진짜 부러워해야 할 사람은 나폴레옹이나 에디슨일지도 모른다. 이 두 사람은 역사상 밤잠 안 자는 사람으로 유명했다. 하지만, 이들은 진짜 잠을 안 잔 것이 아니라, 효과적으로 수면을 취했던 것이다. 나폴레옹은 말안장 위에서도 잠을 잤고, ㉣워털루 전투에서도 틈틈이 낮잠을 즐겼다고 한다. 에디슨도 마찬가지였다. 에디슨의 친구 한 사람은 "그는 다른 사람에게 말을 거는 동안에도 잠 속에 빠지곤 했지."라고 말하였다.

(마) 그러면 우리는 왜 잠을 잘까? 왜 인생의 3분의 1을 잠으로 보내야만 할까? 뒤집어 생각해 보면, 잠을 자고 있는 것이 우리의 정상적인 모습이고, 잠을 자지 않는 것은 여러 자극 때문에 어쩔 수 없이 깨어 있는 비정상적인 모습인지도 모른다. 과연 잠을 자고 있을 때와 깨어 있을 때, 우리의 뇌에는 어떠한 일이 일어나고 있을까?

4. 주어진 글에서 A의 예를 통하여 글쓴이가 궁극적으로 말하고자 하는 바는?

① 잠을 많이 자야 건강을 유지할 수 있다.
② 잠을 안 자면 정상적인 생활을 할 수 없다.
③ 단잠은 지친 심신을 정상적으로 회복시킨다.
④ 잠을 덜 자기 위해서는 많은 고통을 겪어야 한다.

5. (라)에서 '나폴레옹'과 '에디슨'의 공통점으로 알맞은 것은?

① 불면증에 시달렸다.
② 효과적으로 수면을 취했다.
③ 일반인보다 유난히 잠이 많았다.
④ 꿈과 현실을 잘 구분하지 못했다.

6. ㉠~㉣ 중 사전(事典)을 찾아보아야 할 단어는?

① ㉠   ② ㉡
③ ㉢   ④ ㉣

7. 다음 공고를 보고 잘못 이해한 것을 고르면?

〈신입사원 정규채용 공고〉

분야	인원	응시자격	연령	비고
콘텐츠 기획	5	• 해당분야 유경험자(3년 이상) • 외국어 사이트 운영 경력자 우대 • 외국어(영어/일어) 전공자	제한 없음	정규직
제휴 마케팅	3	• 해당분야 유경험자(5년 이상) • 웹 프로모션 경력자 우대 • 콘텐츠산업(온라인) 지식 보유자	제한 없음	정규직
웹 디자인	2	• 응시제한 없음 • 웹디자인 유경험자 우대	제한 없음	정규직

〈입사지원서 및 기타 구비서류〉

(1) 접수방법
• 인터넷(www.seowon.co.kr)을 통해서만 접수(우편 이용 또는 방문접수 불가)
• 채용분야별 복수지원 불가

(2) 입사지원서 접수 시 유의사항
• 입사지원서는 인터넷 접수만 가능함
• 접수 마감일에는 지원자 폭주 및 서버의 네트워크 사정에 따라 접속이 불안정해 질 수 있으니 가급적 마감일 1~2일 전까지 입사지원서 작성바람
• 입사지원서를 작성하여 접수하고 수험번호가 부여된 후 재입력이나 수정은 채용 공고 종료일 18:00까지만 가능하오니, 기재내용 입력에 신중을 기하여 정확하게 입력하기 바람

(3) 구비서류 접수
• 접수방법 : 최종면접 전형 당일 시험장에서만 접수하며, 미제출자는 불합격 처리
－최종학력졸업증명서 1부
－자격증 사본 1부(해당자에 한함)

(4) 기타 사항
• 상기 모집분야에 대해 최종 전형결과 적격자가 없는 것으로 판단될 경우, 선발하지 아니할 수 있으며, 추후 입사지원서의 기재사항이나 제출서류가 허위로 판명될 경우 합격 또는 임용을 취소함
• 최종합격자라도 신체검사에서 불합격 판정을 받거나 당사 인사규정상 채용 결격사유가 발견될 경우 임용을 취소함
• 3개월 인턴 후 평가(70점 이상)에 따라 정식 고용 여부를 결정함

(5) 문의 및 접수처
• 기타 문의사항은 (주)서원 홈페이지(www.seowon.co.kr) 참고

① 우편 및 방문접수는 불가하며 입사지원은 인터넷 접수만 가능하다.

② 지원서 수정은 마감일 이후 불가능하다.

③ 최종합격자라도 신체검사에서 불합격 판정을 받으면 임용이 취소된다.

④ 3개월 인턴과정을 거치고 나면 별도의 제약 없이 정식 고용된다.

┃8~9┃ 다음 글을 읽고 물음에 답하시오.

○○통신회사 직원 K씨가 고객으로부터 걸려온 전화를 응대하고 있다. 고객은 K씨에게 가장 저렴한 통신비를 문의하고 있다.

K씨 : 안녕하십니까? ○○텔레콤 K○○입니다. 무엇을 도와드릴까요?

고객 : 네. 저는 저에게 맞는 통신비를 추천받고자 합니다.

K씨 : 고객님이 많이 사용하시는 부분이 무엇입니까?

고객 : 저는 통화는 별로 하지 않고 인터넷을 한 달에 평균 3기가 정도 사용합니다.

K씨 : 아, 고객님은 인터넷을 많이 사용하시는군요. 그럼 인터넷 외에 다른 서비스는 필요하신 부분이 없으십니까?

고객 : 저는 매달 컬러링을 바꾸고 싶습니다.

K씨 : 아 그럼 매달 3기가 이상의 인터넷과 무료 컬러링이 필요하신 것입니까?

고객 : 네. 그럼 될 것 같습니다.

요금제명	무료인터넷 용량	무료통화 용량	무료 부가서비스	가격
35요금제	1기가	40분	없음	30,000원
45요금제	2기가	60분	없음	40,000원
55요금제	3기가	120분	컬러링 월 1회	50,000원
65요금제	4기가	180분	컬러링 월 2회	60,000원

8. K씨가 고객에게 가장 적합하다고 생각하는 요금제는 무엇인가?

① 35요금제   ② 45요금제

③ 55요금제   ④ 65요금제

9. 만약 동일한 조건에서 고객이 통화를 1달에 1시간 30분 정도 사용한다고 한다면 이 고객에게 가장 적합한 요금제는 무엇인가?

① 35요금제   ② 45요금제

③ 55요금제   ④ 65요금제

10. A, B, C, D, E는 영업, 사무, 전산, 관리, 홍보의 일을 각각 맡아서 하기로 하였다. A는 영업과 사무 분야의 업무를 싫어하고, B는 관리 업무를 싫어하며, C는 영업 분야 일을 하고 싶어하고, D는 전산 분야 일을 하고 싶어하며, E는 관리와 사무 분야의 업무를 싫어한다. 인사부에서 각자의 선호에 따라 일을 시킬 때 옳게 짝지은 것은?

① A – 관리   ② B – 영업

③ C – 홍보   ④ D – 사무

11. 다음 글을 근거로 유추할 경우 옳은 내용만을 바르게 짝지은 것은?

• 9명의 참가자는 1번부터 9번까지의 번호 중 하나를 부여 받고, 동시에 제비를 뽑아 3명은 범인, 6명은 시민이 된다.

• '1번의 오른쪽은 2번, 2번의 오른쪽은 3번, …, 8번의 오른쪽은 9번, 9번의 오른쪽은 1번'과 같이 번호 순서대로 동그랗게 앉는다.

• 참가자는 본인과 바로 양 옆에 앉은 사람이 범인인지 시민인지 알 수 있다.

• "옆에 범인이 있다."라는 말은 바로 양 옆에 앉은 2명 중 1명 혹은 2명이 범인이라는 뜻이다.

• "옆에 범인이 없다."라는 말은 바로 양 옆에 앉은 2명 모두 범인이 아니라는 뜻이다.

• 범인은 거짓말만 하고, 시민은 참말만 한다.

㉠ 1, 4, 6, 7, 8번의 진술이 "옆에 범인이 있다."이고, 2, 3, 5, 9번의 진술이 "옆에 범인이 없다."일 때, 8번이 시민임을 알면 범인들을 모두 찾아낼 수 있다.

㉡ 만약 모두가 "옆에 범인이 있다."라고 진술한 경우, 범인이 부여받은 번호의 조합은 (1, 4, 7) / (2, 5, 8) / (3, 6, 9) 3가지이다.

㉢ 한 명만이 "옆에 범인이 없다."라고 진술한 경우는 없다.

① ㉡   ② ㉢

③ ㉠㉡   ④ ㉠㉢

12. 다음의 글을 읽고 김 씨가 의사소통능력을 향상시키기 위해 노력한 것은 무엇인가?

직장인 김 씨는 자주 동료들로부터 다른 사람들의 이야기를 흘려듣거나 금세 잊어버린다는 이야기를 많이 들어 어떤 일을 하더라도 늦거나 실수하는 경우가 많이 발생한다. 그리고 같은 일을 했음에도 불구하고 다른 직원들보다 남겨진 자료가 별로 없는 것을 알게 되었다. 그래서 김 씨는 항상 메모하고 기억하려는 노력을 하기로 결심하였다.

그 후 김 씨는 회의시간은 물론이고, 거래처 사람들을 만날 때, 공문서를 읽거나 책을 읽을 때에도 메모를 하려고 열심히 노력하였다. 모든 상황에서 메모를 하다보니 자신만의 방법을 터득하게 되어 자신만 알 수 있는 암호로 더욱 간단하고 신속하게 메모를 할 수 있게 되었다. 또한 메모한 내용을 각 주제별로 분리하여 자신만의 데이터베이스를 만들기에 이르렀다. 이후 갑자기 보고할 일이 생겨도 자신만의 데이터베이스를 이용하여 쉽게 처리를 할 수 있게 되며 일 잘하는 직원으로 불리게 되었다.

① 경청하기   ② 메모하기
③ 따라하기   ④ 검토하기

13. 다음 내용과 전투능력을 가진 생존자 현황을 근거로 판단할 경우 생존자들이 탈출할 수 있는 경우로 옳은 것은? (단, 다른 조건은 고려하지 않는다)

- 좀비 바이러스에 의해 라쿤 시티에 거주하던 많은 사람들이 좀비가 되었다. 건물에 갇힌 생존자들은 동, 서, 남, 북 4개의 통로를 이용해 5명씩 탈출을 시도한다. 탈출은 통로를 통해서만 가능하며, 한 쪽 통로를 선택하면 되돌아올 수 없다.
- 동쪽 통로에 11마리, 서쪽 통로로 7마리, 남쪽 통로에 11마리, 북쪽 통로에 9마리의 좀비들이 있다. 선택한 통로의 좀비를 모두 제거해야만 탈출할 수 있다.
- 남쪽 통로의 경우, 통로 끝이 막혀 탈출을 할 수 없지만 팀에 폭파전문가가 있다면 다이너마이트를 사용하여 막힌 통로를 뚫고 탈출할 수 있다.
- 전투란 생존자가 좀비를 제거하는 것을 의미하며 선택한 통로에서 일시에 이루어진다.
- 전투능력은 정상인 건강상태에서 해당 생존자가 전투에서 제거하는 좀비의 수를 의미하며, 질병이나 부상상태인 사람은 그 능력이 50%로 줄어든다.
- 전투력 강화에는 건강상태가 정상인 생존자들 중 1명에게만 사용할 수 있으며, 전투능력을 50% 향상시킨다. 사용 가능한 대상은 의사 혹은 의사의 팀 내 구성원이다.
- 생존자의 직업은 다양하며, 아이와 노인은 전투능력과 보유품목이 없고 건강상태는 정상이다.

전투능력을 가진 생존자 현황

직업	인원	전투능력	건강상태	보유품목
경찰	1명	6	질병	–
헌터	1명	4	정상	–
의사	1명	2	정상	전투력 강화제 1개
사무라이	1명	8	정상	–
폭파전문가	1명	4	부상	다이너마이트

<table>
<tr><td>탈출 통로</td><td>팀 구성 인원</td></tr>
<tr><td>① 동쪽 통로</td><td>폭파전문가 – 사무라이 – 노인 3명</td></tr>
<tr><td>② 서쪽 통로</td><td>헌터 – 경찰 – 아이 2명 – 노인</td></tr>
<tr><td>③ 남쪽 통로</td><td>헌터 – 폭파전문가 – 아이 – 노인 2명</td></tr>
<tr><td>④ 북쪽 통로</td><td>경찰 – 의사 – 아이 2명 – 노인</td></tr>
</table>

14. 밑줄 친 단어의 쓰임이 옳은 것은?

① 가발을 쓰니 <u>실재</u> 나이보다 훨씬 젊게 보였다.
② 회사를 부실하게 <u>운용</u>한 책임을 지고 사장이 물러났다.
③ 심히 노력한 만큼 성적도 많이 <u>향상</u>됐으면 좋겠어요.
④ 인수위는 여의도에 사무실을 <u>임대</u>해서 사용하기로 했다.

15. 다음 예문의 내용에 맞는 고사성어는?

구름이 해를 비추어 노을이 되고, 물줄기가 바위에 걸려 폭포를 만든다. 의탁하는 바가 다르고 보니 이름 또한 이에 따르게 된다. 이는 벗 사귀는 도리에 있어 유념해 둘 만한 것이다.

① 근묵자흑(近墨者黑)
② 단금지교(斷金之交)
③ 망운지정(望雲之情)
④ 상분지도(嘗糞之徒)

16. 다음에 제시된 글의 목적에 대해 바르게 나타낸 것은?

제목 : 사내 신문의 발행

1. 우리 회사 직원들의 원만한 커뮤니케이션과 대외 이미지를 재고하기 위하여 사내 신문을 발간하고자 합니다.

2. 사내 신문은 홍보지와 달리 새로운 정보와 소식지로서의 역할이 기대되오니 아래의 사항을 검토하시고 재가해주시기 바랍니다.

－아래－

㉠ 제호 : We 서원인
㉡ 판형 : 140 × 210mm
㉢ 페이지 : 20쪽
㉣ 출간 예정일 : 2016. 1. 1

별첨 견적서 1부

---

① 회사에서 정부를 상대로 사업을 진행하려고 작성한 문서이다.
② 회사의 업무에 대한 협조를 구하기 위하여 작성한 문서이다.
③ 회사의 업무에 대한 현황이나 진행상황 등을 보고하고자 하는 문서이다.
④ 회사 상품의 특성을 소비자에게 설명하기 위하여 작성한 문서이다.

17. 다음 글의 내용과 날씨를 근거로 판단할 경우 종아가 여행을 다녀온 시기로 가능한 것은?

- 종아는 선박으로 '포항 → 울릉도 → 독도 → 울릉도 → 포항' 순으로 3박 4일의 여행을 다녀왔다.
- '포항 → 울릉도' 선박은 매일 오전 10시, '울릉도 → 포항' 선박은 매일 오후 3시에 출발하며, 편도 운항에 3시간이 소요된다.
- 울릉도에서 출발해 독도를 돌아보는 선박은 매주 화요일과 목요일 오전 8시에 출발하여 당일 오전 11시에 돌아온다.
- 최대 파고가 3m 이상인 날은 모든 노선의 선박이 운항되지 않는다.
- 종아는 매주 금요일에 술을 마시는데, 술을 마신 다음날은 멀미가 심해 선박을 탈 수 없다.
- 이번 여행 중 종아는 울릉도에서 호박엿 만들기 체험을 했는데, 호박엿 만들기 체험은 매주 월·금요일 오후 6시에만 할 수 있다.

날씨

(㉣ : 최대 파고)

日	月	火	水	木	金	土
16	17	18	19	20	21	22
㉣ 1.0m	㉣ 1.4m	㉣ 3.2m	㉣ 2.7m	㉣ 2.8m	㉣ 3.7m	㉣ 2.0m
23	24	25	26	27	28	29
㉣ 0.7m	㉣ 3.3m	㉣ 2.8m	㉣ 2.7m	㉣ 0.5m	㉣ 3.7m	㉣ 3.3m

① 19일(水) ～ 22일(土)
② 20일(木) ～ 23일(日)
③ 23일(日) ～ 26일(水)
④ 25일(火) ～ 28일(金)

18. 다음 글을 읽고 잘못된 부분을 바르게 설명한 것은?

기획사 편집부에 근무하는 박 대리는 중요 출판사로부터 출간 기획서를 요청받았다. 그 출판사 대표는 박 대리가 근무하는 회사와 오랫동안 좋은 관계를 유지하며 큰 수익을 담당하던 사람이었다. 박 대리는 심혈을 기울인 끝에 출간기획서를 완성하였고 개인적인 안부와 함께 제안서 초안을 이메일로 송부하였다.

한편 그 대표의 비서는 여러 군데 기획사에 맡긴 출간기획서를 모두 취합하여 간부회의에 돌려볼 수 있도록 모두 출력하였다. 그러나 박 대리가 보낸 이메일 내용이 간부회의 때 큰 파장을 일으켰다. 이메일에는 이전 접대자리가 만족스러웠는지를 묻고 다음에는 더 좋은 곳으로 모시겠다는 지극히 개인적인 내용이 들어 있었던 것이었다.

며칠 후 박 대리는 그 대표로부터 제안서 탈락과 동시에 거래처 취소 통보를 받았다. 박 대리는 밀접한 인간관계를 믿고 이메일을 보냈다가 공과 사를 구분하지 못한다는 대표의 불만과 함께 거래처고 개인적인 만남이고 모든 관계가 끝이 나 버리게 되었다.

① 이메일을 송부했다는 연락을 하지 못한 것이 실수이다.
② 출간기획서 초안을 보낸 것이 실수이다.
③ 공과 사를 엄격하게 구분하지 못한 것이 실수이다.
④ 대표의 요구사항을 반영하지 못한 기획서를 보낸 것이 실수이다.

19. 도서출판 서원각에 근무하는 최 대리는 이번 달에 접수된 총 7건의 고객 불만 사항에 대해 보고서를 작성하려고 한다. A, B, C, D, E, F, G 고객의 불만이 접수된 순서가 다음의 정보를 모두 만족할 때, 불만 사항이 가장 마지막으로 접수된 고객은?

〈정보〉
• B고객의 불만은 가장 마지막에 접수되지 않았다.
• G고객의 불만은 C고객의 불만보다 먼저 접수되었다.
• A고객의 불만은 B고객의 불만보다 먼저 접수되었다.
• B고객의 불만은 E고객의 불만보다 나중에 접수되었다.
• D고객과 E고객의 불만은 연달아 접수되었다.
• C고객의 불만은 다섯 번째로 접수되었다.
• A고객과 B고객의 불만 접수 사이에 한 건의 불만이 접수되었다.

① A
② C
③ D
④ F

20. 다음 글은 합리적 의사결정을 위해 필요한 절차적 조건 중의 하나에 관한 설명이다. 다음 보기 중 이 조건을 위배한 것끼리 묶은 것은?

합리적 의사결정을 위해서는 정해진 절차를 충실히 따르는 것이 필요하다. 고도로 복잡하고 불확실하나 문제상황 속에서 결정의 절차가 합리적이기 위해서는 다음과 같은 조건이 충족되어야 한다.

〈조건〉
정책결정 절차에서 논의되었던 모든 내용이 결정절차에 참여하지 않은 다른 사람들에게 투명하게 공개되어야 한다. 그렇지 않으면 이성적 토론이 무력해지고 객관적 증거나 논리 대신 강압이나 회유 등의 방법으로 결론이 도출되기 쉽기 때문이다.

〈보기〉
㉠ 심의에 참여한 분들의 프라이버시 보호를 위해 오늘 회의의 결론만 간략히 알려드리겠습니다.
㉡ 시간이 촉박하니 회의 참석자 중에서 부장급 이상만 발언하도록 합시다.
㉢ 오늘 논의하는 안건은 매우 민감한 사안이니만큼 비참석자에게는 그 내용을 알리지 않을 것입니다. 그러니 회의자료 및 메모한 내용도 두고 가시기 바랍니다.
㉣ 우리가 외부에 자문을 구한 박사님은 이 분야의 최고 전문가이기 때문에 참석자 간의 별도 토론 없이 박사님의 의견을 그대로 채택하도록 합시다.
㉤ 오늘 안건은 매우 첨예한 이해관계가 걸려 있으니 상대방에 대한 반론은 자제해주시고 자신의 주장만 말씀해주시기 바랍니다.

① ㉠, ㉡
② ㉠, ㉢
③ ㉢, ㉣
④ ㉢, ㉤

21. A 무역회사에 다니는 乙 씨는 회의에서 발표할 '해외 시장 진출 육성 방안에 대해 다음과 같이 개요를 작성하였다. 이를 검토하던 甲이 지시한 내용 중 잘못된 것은?

Ⅰ. 서론
• 해외 시장에 진출한 우리 회사 제품 수의 증가 …… ㉠
• 해외 시장 진출을 위한 장기적인 전략의 필요성

Ⅱ. 본론
1. 해외 시장 진출의 의의
• 다른 나라와의 경제적 연대 증진 …… ㉡
• 해외 시장 속 우리 회사의 위상 제고
2. 해외 시장 진출의 장애 요소
• 해외 시장 진출 관련 재정 지원 부족
• 우리 회사에 대한 현지인의 인지도 부족 …… ㉢
• 해외 시장 진출 전문 인력 부족
3. 해외 시장 진출 지원 및 육성 방안
• 재정의 투명한 관리 …… ㉣
• 인지도를 높이기 위한 현지 홍보 활동
• 해외 시장 진출 전문 인력 충원

Ⅲ. 결론
• 해외 시장 진출의 전망

---

① ㉠ : 해외 시장에 진출한 우리 회사 제품 수를 통계 수치로 제시하면 더 좋겠군.

② ㉡ : 다른 나라에 진출한 타 기업 수 현황을 근거 자료로 제시하면 더 좋겠군.

③ ㉢ : 우리 회사에 대한 현지인의 인지도를 타 기업과 비교해 상대적으로 낮음을 보여주면 효과적이겠군.

④ ㉣ : Ⅱ-2를 고려할 때 '해외 시장 진출 관련 재정 확보 및 지원'으로 수정하는 것이 좋겠군.

|22~23| 다음 글을 읽고 물음에 답하시오.

오랫동안 인류는 동물들의 희생이 수반된 육식을 당연하게 여겨왔으며 이는 지금도 진행 중이다. 그런데 이에 대해 윤리적 문제를 제기하며 채식을 선택하는 경향이 생겨났다. 이러한 경향을 취향이나 종교, 건강 등의 이유로 채식하는 입장과 구별하여 '윤리적 채식주의'라고 한다. 그렇다면 윤리적 채식주의 관점에서 볼 때, 육식의 윤리적 문제점은 무엇인가?

육식의 윤리적 문제점은 크게 개체론적 관점과 생태론적 관점으로 나누어 살펴볼 수 있다. 개체론적 관점에서 볼 때, 인간과 동물은 모두 존중받아야 할 '독립적 개체'이다. 동물도 인간처럼 주체적인 생명을 영위해야 할 권리가 있는 존재이다. 또한 동물도 쾌락과 고통을 느끼는 개별 생명체이므로 그들에게 고통을 주어서도, 생명을 침해해서도 안 된다. 요컨대 동물도 고유한 권리를 가진 존재이기 때문에 동물을 단순히 음식 재료로 여기는 인간 중심주의적인 시각은 윤리적으로 문제가 있다.

한편 ㉠생태론적 관점에서 볼 때, 지구의 모든 생명체들은 개별적으로 존재하는 것이 아니라 서로 유기적으로 연결되어 존재한다. 따라서 각 개체로서의 생명체가 아니라 유기체로서의 지구 생명체에 대한 유익성 여부가 인간 행위의 도덕성을 판단하는 기준이 되어야 한다. 그러므로 육식의 윤리성도 지구 생명체에 미치는 영향에 따라 재고되어야 한다. 예를 들어 대량 사육을 바탕으로 한 공장제 축산업은 인간에게 풍부한 음식 재료를 제공한다. 하지만 토양, 수질, 대기 등의 환경을 오염시켜 지구 생명체를 위협하므로 윤리적으로 문제가 있다.

결국 우리의 육식이 동물에게든 지구 생명체에든 위해를 가한다면 이는 윤리적이지 않기 때문에 문제가 있다. 인류의 생존을 위한 육식은 누군가에게는 필수불가결한 면이 없지 않다. 그러나 인간이 세상의 중심이라는 시각에 젖어 그동안 우리는 인간 이외의 생명에 대해서는 윤리적으로 무감각하게 살아왔다. 육식의 윤리적 문제점은 인간을 둘러싼 환경과 생명을 새로운 시각으로 바라볼 것을 요구하고 있다.

22. 제시된 글의 중심 내용으로 가장 적절한 것은?

① 윤리적 채식의 기원
② 육식의 윤리적 문제점
③ 지구 환경 오염의 실상
④ 윤리적 채식주의자의 권리

23. ㉠을 지닌 사람들이 다음에 대해 보일 반응으로 가장 적절한 것은?

> 옥수수, 사탕수수 등을 원료로 하는 바이오 연료는 화석 연료에 비해 에너지 효율은 낮지만 기존의 화석 연료를 대체하는 신재생 에너지로 주목받고 있다. 브라질에서는 넓은 면적의 열대우림을 농경지로 개간하여 바이오 연료를 생산함으로써 막대한 경제적 이익을 올리고 있다. 하지만 바이오 연료는 생산과정에서 화학비료나 농약 등을 과도하게 사용하여 여러 환경문제를 발생시켰다. 또한 식량자원을 연료로 사용함으로써 저개발국의 식량보급에 문제를 발생시켰다.

① 바이오 연료 생산으로 열대우림이 파괴되는 것도 인간에게 이익이 되는 일이라면 가치가 있다.

② 바이오 연료는 화석 연료에 비해 에너지 효율이 낮지만, 대체 에너지 자원으로 적극 활용해야 한다.

③ 바이오 연료가 식량 문제를 발생시켰지만, 신재생 에너지이므로 환경 문제를 해결하는 데에는 긍정적이다.

④ 바이오 연료는 친환경 에너지원으로 보이지만, 그 생산 과정을 고려하면 지구 생명체에 유해한 것으로 보아야 한다.

24. M회사 구내식당에서 근무하고 있는 N씨는 식단을 편성하는 업무를 맡고 있다. 식단편성을 위한 조건이 다음과 같을 때 월요일에 편성되는 식단은?

> 〈조건〉
> • 다음 5개의 메뉴를 월요일~금요일 5일에 각각 하나씩 편성해야 한다.
> - 돈가스 정식, 나물 비빔밥, 크림 파스타, 오므라이스, 제육덮밥
> • 월요일에는 돈가스 정식을 편성할 수 없다.
> • 목요일에는 오므라이스를 편성할 수 없다.
> • 제육덮밥은 금요일에 편성해야 한다.
> • 나물 비빔밥은 제육덮밥과 연달아 편성할 수 없다.
> • 돈가스 정식은 오므라이스보다 먼저 편성해야 한다.

① 나물 비빔밥 ② 크림 파스타
③ 오므라이스 ④ 제육덮밥

25. 취업을 준비하고 있는 A, B, C, D, E 5명이 지원한 분야는 각각 마케팅, 생산, 출판, 회계, 시설관리 중 한 곳이다. 5명이 모두 서류전형에 합격하여 NCS 직업기초능력평가를 보러 가는데, 이때 지하철, 버스, 택시 중 한 가지를 타고 가려고 한다. 다음 중 옳지 않은 것은? (단, 한 가지 교통수단은 최대 2명만 이용할 수 있고, 한 사람도 이용하지 않는 교통수단은 없다)

> ㉠ 버스는 마케팅, 생산, 출판, 시설관리를 지원한 사람의 회사를 갈 수 있다.
> ㉡ A는 출판을 지원했다.
> ㉢ E는 어떤 교통수단을 이용해도 지원한 회사에 갈 수 있다.
> ㉣ 지하철에는 D를 포함한 두 사람이 탄다.
> ㉤ B가 탈 수 있는 교통수단은 지하철뿐이다.
> ㉥ 버스와 택시가 지나가는 회사는 마케팅을 제외하고 중복되지 않는다.

① B와 D는 같이 지하철을 이용한다.
② E는 택시를 이용한다.
③ A는 버스를 이용한다.
④ E는 회계를 지원했다.

26. 다음은 어느 레스토랑의 3C분석 결과이다. 이 결과를 토대로 하여 향후 해결해야 할 전략과제를 선택하고자 할 때 적절하지 않은 것은?

3C	상황 분석
고객 / 시장 (Customer)	• 식생활의 서구화 • 유명브랜드와 기술제휴 지향 • 신세대 및 뉴패밀리 층의 출현 • 포장기술의 발달
경쟁 회사 (Competitor)	• 자유로운 분위기와 저렴한 가격 • 전문 패밀리 레스토랑으로 차별화 • 많은 점포수 • 외국인 고용으로 인한 외국인 손님 배려
자사 (company)	• 높은 가격대 • 안정적 자금 공급 • 업계 최고의 시장점유율 • 고객증가에 따른 즉각적 응대의 한계 • 한식 위주의 메뉴 구성

① 원가 절감을 통한 가격 조정
② 유명브랜드와의 장기적인 기술제휴
③ 즉각적인 응대를 위한 인력 증대
④ 안정적인 자금 확보를 위한 자본구조 개선

27. 다음 표는 일정한 규칙으로 문자를 나열한 것이다. ( ) 안에 들어갈 알맞은 문자는?

J	G	D	A
F	I	Z	( )
A	L	U	F
U	P	O	J

① B

② C

③ D

④ E

28. 어떤 강을 따라 36km 떨어진 지점을 배로 왕복하려고 한다. 올라갈 때에는 6시간이 걸리고 내려올 때는 4시간이 걸린다고 할 때 강물이 흘러가는 속력은 몇인가?(단, 배의 속력은 일정하다)

① 1.3km/h

② 1.5km/h

③ 1.7km/h

④ 1.9km/h

29. 증명사진 6장을 뽑는 데 4000원이고 한 장씩 더 추가할 때마다 200원씩 받는다고 할 때, 사진을 몇 장 이상 뽑으면 1장의 가격이 400원 이하가 되는가?

① 11장

② 12장

③ 13장

④ 14장

30. 다음은 'A'국의 4대 범죄 발생건수 및 검거건수에 대한 자료이다. 이에 대한 설명으로 옳지 않은 것은?

〈2013 ~ 2017년 4대 범죄 발생건수 및 검거건수〉

(단위 : 건, 천 명)

연도 \ 구분	발생건수	검거건수	총인구	인구 10만 명당 발생건수
2013	15,693	14,492	49,194	31.9
2014	18,258	16,125	49,346	( )
2015	19,498	16,404	49,740	39.2
2016	19,670	16,630	50,051	39.3
2017	22,310	19,774	50,248	44.4

〈2017년 4대 범죄 유형별 발생건수 및 검거건수〉

(단위 : 건)

범죄 유형 \ 구분	발생건수	검거건수
강도	5,753	5,481
살인	132	122
절도	14,778	12,525
방화	1,647	1,646
합계	22,310	19,774

① 인구 10만 명당 4대 범죄 발생건수는 매년 증가한다.

② 2014년 이후, 전년대비 4대 범죄 발생건수 증가율이 가장 낮은 연도와 전년대비 4대 범죄 검거건수 증가율이 가장 낮은 연도는 동일하다.

③ 2017년 발생건수 대비 검거건수 비율이 가장 낮은 범죄 유형의 발생건수는 해당 연도 4대 범죄 발생건수의 60% 이상이다.

④ 2017년 강도와 살인 발생건수의 합이 4대 범죄 발생건수에서 차지하는 비율은 2017년 강도와 살인 검거건수의 합이 4대 범죄 검거건수에서 차지하는 비율보다 높다.

31. 다음은 정기 예금과 가계 대출의 평균 금리 추이에 관한 신문 기사이다. 이와 같은 추이가 지속될 경우 나타날 수 있는 현상을 모두 고른 것은?

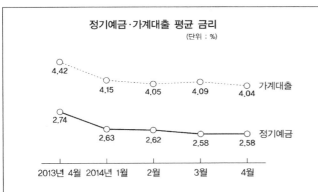

정기예금·가계대출 평균 금리
(단위 : %)

4.42 4.15 4.05 4.09 4.04 가계대출

2.74 2.63 2.62 2.58 2.58 정기예금

2013년 4월 2014년 1월 2월 3월 4월

초저금리 기조가 이어지면서 저축성 수신 금리와 대출 금리 모두 1996년 통계를 내기 시작한 이후 역대 최저 수준을 기록했다. 한국은행에 따르면 2014년 4월 말 신규 취급액을 기준으로 정기 예금 평균 금리는 연 2.58 %, 가계 대출 평균 금리는 연 4.04 %로 역대 최저치를 기록했다.

㉠ 예대 마진은 점차 증가할 것이다.
㉡ 요구불 예금 금리는 점차 증가할 것이다.
㉢ 변동 금리로 대출을 받는 고객이 점차 증가할 것이다.
㉣ 정기 예금 가입 희망자 중 고정 금리를 선호하는 고객이 점차 증가할 것이다.

① ㉠㉡
② ㉠㉢
③ ㉡㉢
④ ㉢㉣

32. 다음 표는 5개 대학교의 한 해 신입생 정원에 관한 자료이다. 이에 대한 〈보기〉의 설명 중 옳은 것을 모두 고른 것은?

〈표1〉 계열별 신입생 정원

(단위 : 명)

구분	인문·사회	자연·공학	전체
A 대학교	2,350	3,241	5,591
B 대학교	2,240	1,783	4,023
C 대학교	3,478	4,282	7,760
D 대학교	773	458	1,231
E 대학교	1,484	1,644	3,128

※ 각 대학교의 계열은 인문·사회와 자연·공학 두 가지로만 구성됨.

〈표2〉 모집전형별 계열별 신입생 정원

(단위 : 명)

구분	수시전형		정시전형	
	인문·사회	자연·공학	인문·사회	자연·공학
A 대학교	1,175	1,652	1,175	1,589
B 대학교	536	402	1,704	1,381
C 대학교	2,331	2,840	1,147	1,442
D 대학교	319	215	454	243
E 대학교	725	746	759	898

〈보기〉
㉠ 전체 신입생 정원에서 인문·사회 계열 정원의 비율이 가장 높은 대학교는 B 대학교이다.
㉡ 자연·공학 계열 신입생 정원이 전체 신입생 정원의 50%를 초과하는 대학교는 A, C, E 대학교이다.
㉢ 수시전형으로 선발하는 신입생 정원이 정시전형으로 선발하는 신입생 정원보다 많은 대학교는 C 대학교뿐이다.
㉣ 수시전형으로 선발하는 신입생 정원과 정시전형으로 선발하는 신입생 정원의 차이가 가장 작은 대학교는 A 대학교이다.

① ㉠㉡
② ㉠㉢
③ ㉡㉢
④ ㉡㉣

33. 다음 표는 2015~2017년 남아공, 멕시코, 브라질, 사우디, 캐나다, 한국의 이산화탄소 배출량에 대한 자료이다. 다음에 제시된 조건을 근거로 하여 A~D에 해당하는 국가를 바르게 나열한 것은?

(단위 : 천만 톤, 톤/인)

국가 \ 구분 \ 연도		2015	2016	2017
한국	총배출량	56.45	58.99	59.29
	1인당 배출량	11.42	11.85	11.86
멕시코	총배출량	41.79	43.25	43.58
	1인당 배출량	3.66	3.74	3.75
A	총배출량	37.63	36.15	37.61
	1인당 배출량	7.39	7.01	7.20
B	총배출량	41.49	42.98	45.88
	1인당 배출량	15.22	15.48	16.22
C	총배출량	53.14	53.67	53.37
	1인당 배출량	15.57	15.56	15.30
D	총배출량	38.85	40.80	44.02
	1인당 배출량	1.99	2.07	2.22

※ 1인당 배출량(톤/인) $= \dfrac{\text{총배출량}}{\text{인구}}$

〈조건〉
- 1인당 이산화탄소 배출량이 2016과 2017년 모두 전년대비 증가한 국가는 멕시코, 브라질, 사우디, 한국이다.
- 2015년~2017년 동안 매년 인구가 1억명 이상인 국가는 멕시코와 브라질이다.
- 2017년 인구는 남아공이 한국보다 많다.

	A	B	C	D
①	남아공	사우디	캐나다	브라질
②	남아공	브라질	캐나다	사우디
③	캐나다	사우디	남아공	브라질
④	캐나다	브라질	남아공	사우디

| 34~35 | 다음은 국내 온실가스 배출현황을 나타낸 표이다. 물음에 답하시오.

(단위 : 백만 톤 CO_2 eq.)

구분	2005년	2006년	2007년	2008년	2009년	2010년	2011년
에너지	467.5	473.9	494.4	508.8	515.1	568.9	597.9
산업공정	64.5	63.8	60.8	60.6	57.8	62.6	63.4
농업	22.0	21.8	21.8	21.8	22.1	22.1	22.0
폐기물	15.4	15.8	14.4	14.3	14.1	x	14.4
LULUCF	−36.3	−36.8	−40.1	−42.7	−43.6	−43.7	−43.0
순배출량	533.2	538.4	551.3	562.7	565.6	624.0	654.7
총배출량	569.4	575.3	591.4	605.5	609.1	667.6	697.7

34. 2010년 폐기물로 인한 온실가스 배출량은? (단, 총배출량＝에너지＋산업공정＋농업＋폐기물)

① 14.0
② 14.1
③ 14.2
④ 14.3

35. 전년대비 총배출량 증가율이 가장 높은 해는?

① 2007년
② 2008년
③ 2009년
④ 2010년

36.
다음 그래프는 취업 인구 비율에 따른 A~D 국가의 산업 구조를 나타낸 것이다. 이에 대한 분석으로 옳은 것은?

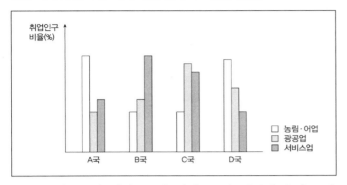

① A 국가는 1차 산업 < 2차 산업 < 3차 산업의 순서로 산업 비중이 높다.
② B 국가는 노동 집약 산업의 비중이 가장 높다.
③ D 국가의 산업 구조는 중진국형에 해당한다.
④ B 국가는 C 국가보다 산업 구조의 고도화가 더 진행되었다.

37.
다음 표의 해석으로 가장 적합한 것은?

구분	재배면적(천ha)		10a당 생산량(kg)		생산량(천)	
	지난해	올해	지난해	올해	지난해	올해
배추	14.5	13.5	10,946	10,946	1,583	1,588
무	7.8	7.5	8,034	6,333	624	473

① 올해 배추 생산량은 지난해에 비해 약 25% 감소했다.
② 올해 재배면적은 지난해에 비해 무가 배추보다 더 감소했다.
③ 올해 단위면적당 배추 생산량은 지난해에 비해 감소했다.
④ 올해 단위면적당 무 생산량은 지난해에 비해 감소했다.

38.
다음은 갑과 을의 시계 제작 실기시험 지시서의 내용이다. 을의 최종 완성 시간과 유휴 시간은 각각 얼마인가? (단, 이동 시간은 고려하지 않는다.)

[각 공작 기계 및 소요 시간]
1. 앞면 가공용 A 공작 기계 : 20분
2. 뒷면 가공용 B 공작 기계 : 15분
3. 조립 : 5분

[공작 순서]
시계는 각 1대씩 만들며, 갑은 앞면부터 가공하여 뒷면 가공 후 조립하고, 을은 뒷면부터 가공하여 앞면 가공 후 조립하기로 하였다.

[조건]
• A, B 공작 기계는 각 1대씩이며 모두 사용해야 하고, 두 사람이 동시에 작업을 시작한다.
• 조립은 가공이 이루어진 후 즉시 실시한다.

	최종 완성 시간	유휴 시간
①	40분	5분
②	45분	5분
③	45분	10분
④	50분	5분

39.
다음은 (주)서원기업의 재고 관리 사례이다. 금요일까지 부품 재고 수량이 남지 않게 완성품을 만들 수 있도록 월요일에 주문할 A~C 부품 개수로 옳은 것은? (단, 주어진 조건 이외에는 고려하지 않는다.)

[부품 재고 수량과 완성품 1개당 소요량]

부품명	부품 재고 수량	완성품 1개당 소요량
A	500	10
B	120	3
C	250	5

[완성품 납품 수량]

요일 / 항목	월	화	수	목	금
완성품 납품 개수	없음	30	20	30	20

[조건]
1. 부품 주문은 월요일에 한 번 신청하며 화요일 작업 시작 전 입고된다.
2. 완성품은 부품 A, B, C를 모두 조립해야 한다.

	A	B	C
①	100	100	100
②	100	180	200
③	500	100	100
④	500	180	250

40. 다음 재고 현황을 통해 파악할 수 있는 완성품의 최대 수량과 완성품 1개당 소요 비용은 얼마인가? (단, 완성품은 A, B, C, D의 부품이 모두 조립되어야 하고 다른 조건은 고려하지 않는다.)

부품명	완성품 1개당 소요량(개)	단가(원)	재고 수량(개)
A	2	50	100
B	3	100	300
C	20	10	2,000
D	1	400	150

	완성품의 최대 수량(개)	완성품 1개당 소요 비용(원)
①	50	100
②	50	500
③	50	1,000
④	100	500

41. 어느 날 A부서 팀장이 다음 자료를 주며 "이번에 회사에서 전략 사업으로 자동차 부품 시범 판매점을 직접 운영해 보기로 했다."며 자동차가 많이 운행되고 있는 도시에 판매점을 둬야하므로 후보 도시를 추천하라고 하였다. 다음 중 후보도시로 가장 적절한 곳은?

도시	인구수	도로연장	자동차 대수(1,000명당)
A	70만 명	150km	150대
B	50만 명	300km	450대
C	40만 명	100km	300대
D	50만 명	200km	500대

① A
② B
③ C
④ D

42. 다음은 스마트폰 기종별 출고가 및 공시지원금에 대한 자료이다. 〈조건〉과 〈정보〉를 바탕으로 A~D에 해당하는 스마트폰 기종 '갑'~'정'을 바르게 나열한 것은?

(단위 : 원)

기종 \ 구분	출고가	공시지원금
A	858,000	210,000
B	900,000	230,000
C	780,000	150,000
D	990,000	190,000

〈조건〉
• 모든 소비자는 스마트폰을 구입할 때 '요금할인' 또는 '공시지원금' 중 하나를 선택한다.
• 사용요금은 월정액 51,000원이다.
• '요금할인'을 선택하는 경우의 월 납부액은 사용요금의 80%에 출고가를 24(개월)로 나눈 월 기기값을 합한 금액이다.
• '공시지원금'을 선택하는 경우의 월 납부액은 출고가에서 공시지원금과 대리점보조금(공시지원금의 10%)을 뺀 금액을 24(개월)로 나눈 월 기기값에 사용요금을 합한 금액이다.
• 월 기기값, 사용요금 이외의 비용은 없고, 10원 단위 이하 금액을 절사한다.
• 구입한 스마트폰의 사용기간은 24개월이고, 사용기간 연장이나 중도해지는 없다.

〈정보〉
• 출고가 대비 공시지원금의 비율이 20% 이하인 스마트폰 기종은 '병'과 '정'이다.
• '공시지원금'을 선택하는 경우의 월 납부액보다 '요금할인'을 선택하는 경우의 월 납부액이 더 큰 스마트폰 기종은 '갑' 뿐이다.
• '공시지원금'을 선택하는 경우 월 기기값이 가장 작은 스마트폰 기종은 '정'이다.

	A	B	C	D
①	갑	을	정	병
②	을	갑	병	정
③	을	갑	정	병
④	병	을	정	갑

43. 다음 조직도를 잘못 이해한 사람은?

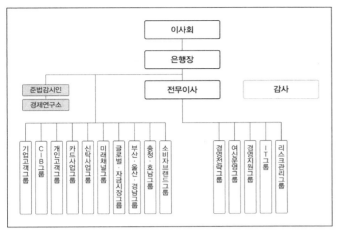

① 연지 : 그룹은 총 15개로 이루어져 있네.

② 동성 : 감사는 업무의 독립성을 위해 이사회 소속이 아니라 따로 독립되어 있어.

③ 진이 : 준법감시인과 경제연구소는 전무이사 소속으로 되어 있어.

④ 순철 : 경영전략그룹과 경영지원그룹은 업무의 연관성으로 인해 똑같이 전무이사 소속으로 되어 있어.

44. 다음의 조직목표에 대한 설명 중 옳은 것은?

① 공식적인 목표인 사명은 측정 가능한 형태로 기술되는 단기적인 목표이다.

② 조직목표는 환경이나 여러 원인들에 의해 변동되거나 없어지지 않는다.

③ 구성원들이 자신의 업무만을 성실하게 수행하면 조직목표는 자연스럽게 달성된다.

④ 조직은 다수의 목표를 추구할 수 있으며 이들은 상하관계를 가지기도 한다.

45. 다음은 Q기업의 조직도와 팀장님의 지시사항이다. 다음 중 J씨가 해야 할 행동으로 가장 적절한 것은?

[팀장 지시사항]

　J씨, 다음 주에 신규직원 공채시작이지? 실무자에게 부탁해서 공고문 확인하고 지난번에 우리 부서에서 제출한 자료랑 맞게 제대로 들어갔는지 확인해주고 공채 절차하고 채용 후에 신입직원 교육이 어떻게 진행되는지 정확한 자료를 좀 받아와요.

① 홍보실에서 신규직원 공채 공고문을 받고, 인사부에서 신입직원 교육 자료를 받아온다.

② 인사부에서 신규직원 공채 공고문을 받고, 총무부에서 신입직원 교육 자료를 받아온다.

③ 인사부에서 신규직원 공채 공고문과 신입직원 교육 자료를 받아온다.

④ 총무부에서 신규직원 공채 공고문과 신입직원 교육 자료를 받아온다.

46. T기업에서는 경영혁신을 주제로 세미나가 개최되었고, 참여자들은 다음과 같은 의견을 피력하였다. 다음 중 A교수가 주장하는 제도의 도입 목적으로 적절한 것은?

A교수는 한국의 기업들도 중장기적인 관점에서 노조의 경영 참가를 제도화해야 한다고 주장했다. 특히, K사회학회에서 발간한 '21세기 노동사회의 조화'라는 토픽을 인용하며, 중장기적인 관점에서 한국형 경영참가 제도의 구상과 이를 바탕으로 한 산업별 교섭제도의 정착 및 공고화를 위해 제도 개선이 선행될 필요가 있다고 주장하였다. 뿐만 아니라 단기적으로는 조직화되지 않은 취약 노동자들이 조합을 형성할 수 있도록 돕고, 이에 가입하는 것에 진입장벽이 없도록 하는 조직 문화를 구축할 수 있는 사회적 배경이 필요하다고 주장했다. 이와 함께 과거 TV에서 방영한 노동자들의 현실을 그린 드라마의 일부를 소개하며, 이미 노동자들의 목소리가 이만큼 제시되고 있는 상황에서 이를 간과하는 것 역시 착취의 일환이라고 덧붙였다.

B교수는 한국의 노동권은 경제 성장과 함께 많이 성숙되고 있었으나 IMF사태로 인해 20년간 신자유주의의 영향으로 후퇴에 가까운 모습을 보인다고 지적했다. 또한 한국이 선진국으로서 자칭하고 싶다면 노동의 품격을 바로 세우는 노동법제화가 이뤄져야 한다고 주장했다.

C이사장은 양질의 일자리 창출에 대해 실제적으로 청년과 고학력 여성의 고용률이 높아지고, 비정규직의 남용과 차별의 해소를 위한 노력이 정부적 차원뿐만 아니라, 학계와 민간 측면에서도 경제계에 지속적인 제안이 필요하다고 주장하였다.

① 근로자를 경영과정에 참가시킴으로써 공동으로 문제를 해결하고 노사 간의 균형을 이루며 상호 신뢰로 경영의 효율을 향상시킨다.

② 조직 전체에서 근로자들이 자신의 위치를 파악하고, 조직 전체의 목적 달성에 합목적적인 행동을 하도록 한다.

③ 조직구성원들에게 일체감 또는 정체성 부여, 조직몰입 향상, 조직구성원들의 행동지침 제공을 위한 종합적인 개념이다.

④ 주주로서의 권리를 행사토록 하여, 고객에 대한 법적 보호가 확실하다는 점에서 기업의 신뢰를 향상시킬 수 있다.

47. 공연기획사인 A사는 이번에 주최한 공연을 보러 오는 관객을 기차역에서 공연장까지 버스로 수송하기로 하였다. 다음의 표와 같이 공연 시작 4시간 전부터 1시간 단위로 전체 관객 대비 기차역에 도착하는 관객의 비율을 예측하여 버스를 운행하고자 하며, 공연 시작 시간까지 관객을 모두 수송해야 한다. 다음을 바탕으로 예상한 수송 시나리오 중 옳은 것을 모두 고르면?

■ 전체 관객 대비 기차역에 도착하는 관객의 비율

시각	전체 관객 대비 비율(%)
공연 시작 4시간 전	a
공연 시작 3시간 전	b
공연 시작 2시간 전	c
공연 시작 1시간 전	d
계	100

- 전체 관객 수는 40,000명이다.
- 버스는 한 번에 대당 최대 40명의 관객을 수송한다.
- 버스가 기차역과 공연장 사이를 왕복하는 데 걸리는 시간은 6분이다.

■ 예상 수송 시나리오
㉠ $a = b = c = d = 25$라면, 회사가 전체 관객을 기차역에서 공연장으로 수송하는 데 필요한 버스는 최소 20대이다.
㉡ $a = 10$, $b = 20$, $c = 30$, $d = 40$이라면, 회사가 전체 관객을 기차역에서 공연장으로 수송하는 데 필요한 버스는 최소 40대이다.
㉢ 만일 공연이 끝난 후 2시간 이내에 전체 관객을 공연장에서 기차역까지 버스로 수송해야 한다면, 이때 회사에게 필요한 버스는 최소 50대이다.

① ㉠
② ㉡
③ ㉠, ㉡
④ ㉡, ㉢

48. 사내 체육대회에서 8개의 종목을 구성해 각 종목에서 우승 시 얻는 승점을 합하여 각 팀의 최종 순위를 매기고자 한다. 각 종목은 순서대로 진행하고, 3번째 종목부터는 각 종목 우승 시 받는 승점이 그 이전 종목들의 승점을 모두 합한 점수보다 10점 더 많도록 구성하였다. 다음 중 옳은 것을 모두 고르면? (단, 승점은 각 종목의 우승 시에만 얻을 수 있으며, 모든 종목의 승점은 자연수이다.)

ⓕ 1번째 종목과 2번째 종목의 승점이 각각 10점, 20점이라면 8번째 종목의 승점은 1,000점을 넘게 된다.
ⓛ 1번째 종목과 2번째 종목의 승점이 각각 100점, 200점이라면 8번째 종목의 승점은 10,000점을 넘게 된다.
ⓔ 1번째 종목과 2번째 종목의 승점에 상관없이 8번째 종목의 승점은 6번째 종목 승점의 네 배이다.
ⓡ 만약 3번째 종목부터 각 종목 우승 시 받는 승점이 그 이전 종목들의 승점을 모두 합한 점수보다 10점 더 적도록 구성한다면, 1번째 종목과 2번째 종목의 승점에 상관없이 8번째 종목의 승점은 6번째 종목 승점의 네 배보다 적다.

---

① ㉠, ㉢   ② ㉠, ㉣
③ ㉡, ㉢   ④ ㉠, ㉡, ㉣

---

49. 다음 글과 표를 근거로 판단할 때 세 사람 사이의 관계가 모호한 경우는?

• 조직 내에서 두 사람 사이의 관계는 '동갑'과 '위아래' 두 가지 경우로 나뉜다.
 - 두 사람이 태어난 연도가 같은 경우 입사년도에 상관없이 '동갑' 관계가 된다.
 - 두 사람이 태어난 연도가 다른 경우 '위아래' 관계가 된다. 이때 생년이 더 빠른 사람이 '윗사람', 더 늦은 사람이 '아랫사람'이 된다.
 - 두 사람이 태어난 연도가 다르더라도 입사년도가 같고 생년월일의 차이가 1년 미만이라면 '동갑' 관계가 된다.
• 두 사람 사이의 관계를 바탕으로 임의의 세 사람(A~C) 사이의 관계는 '명확'과 '모호' 두 가지 경우로 나뉜다.
 - A와 B, A와 C가 '동갑' 관계이고 B와 C 또한 '동갑' 관계인 경우 세 사람 사이의 관계는 '명확'하다.
 - A와 B가 '동갑' 관계이고 A가 C의 '윗사람', B가 C의 '윗사람'인 경우 세 사람 사이의 관계는 '명확'하다.
 - A와 B, A와 C가 '동갑' 관계이고 B와 C가 '위아래' 관계인 경우 세 사람 사이의 관계는 '모호'하다.

이름	생년월일	입사년도
甲	1992. 4. 11.	2017
乙	1991. 10. 3.	2017
丙	1991. 3. 1.	2017
丁	1992. 2. 14.	2017
戊	1993. 1 7.	2018

---

① 甲, 乙, 丙   ② 甲, 乙, 丁
③ 甲, 丁, 戊   ④ 乙, 丁, 戊

▌50~51▐ 다음은 J사의 2015년 조직도이다. 주어진 조직도를 보고 물음에 답하시오.

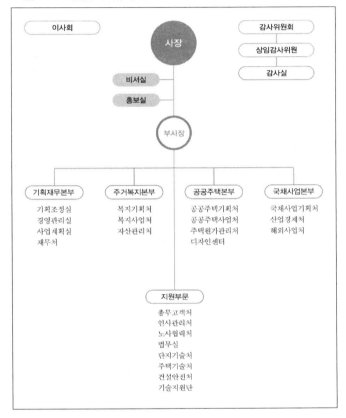

50. 위 조직도를 보고 잘못 이해한 것은?
① 부사장은 따로 비서실을 두고 있지 않다.
② 비서실과 홍보실은 사장 직속으로 소속되어 있다.
③ 감사실은 공정한 감사를 위해 다른 조직들과는 구분되어 감사위원회 산하로 소속되어 있다.
④ 부사장 직속으로는 1개 부문, 1실, 6개 처, 1개의 지원단으로 구성되어 있다.

51. 다음은 J사의 내년 조직개편사항과 A씨가 개편사항을 반영하여 수정한 조직도이다. 수정된 조직도를 보고 상사인 B씨가 A씨에게 지적할 사항으로 옳은 것은?

〈조직개편사항〉
- 미래기획단 신설(사장 직속)
- 명칭변경(주거복지본부) : 복지기획처 → 주거복지기획처, 복지사업처 → 주거복지사업처
- 지원부문을 경영지원부문과 기술지원부문으로 분리한다.
  - 경영지원부문 : 총무고객처, 인사관리처, 노사협력처, 법무실
  - 기술지원부문 : 단지기술처, 주택기술처, 건설안전처, 기술지원단
- 공공주택본부 소속으로 행복주택부문(행복주택계획처, 행복주택사업처, 도시재생계획처) 신설
- 중소기업지원단 신설(기술지원부문 소속)

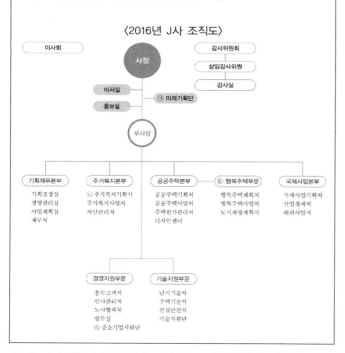

〈2016년 J사 조직도〉

① ㉠ 미래기획단을 부사장 직속으로 이동시켜야 합니다.
② ㉡ 주거복지기획처를 복지기획처로 변경해야 합니다.
③ ㉢ 행복주택부문을 부사장 직속으로 이동해야 합니다.
④ ㉣ 중소기업지원단을 기술지원부문으로 이동해야 합니다.

┃52~53┃ 다음은 작년의 사내 복지 제도와 그에 따른 4/4분기 복지 지원 내역이다. 올 1/4분기부터 복지 지원 내역의 변화가 있었을 때, 다음의 물음에 답하시오.

〈사내 복지 제도〉

구분	세부사항
주택 지원	사택지원 (1~6동 총 6개 동 120가구) 기본 2년 (신청 시 1회 2년 연장 가능)
경조사 지원	본인/가족 결혼, 회갑 등 각종 경조사 시 경조금, 화환 및 경조휴가 제공
학자금 지원	고등학생, 대학생 학자금 지원
기타	상병 휴가, 휴직, 4대 보험 지원

〈4/4분기 지원 내역〉

이름	부서	직위	세부사항	금액(천 원)
정희진	영업1팀	사원	모친상	1,000
유연화	총무팀	차장	자녀 대학진학 (입학금 제외)	4,000
김길동	인사팀	대리	본인 결혼	500
최선하	IT개발팀	과장	병가(실비 제외)	100
김만길	기획팀	사원	사택 제공(1동 702호)	–
송상현	생산2팀	사원	장모상	500
길태화	기획팀	과장	생일	50(상품권)
최현식	총무팀	차장	사택 제공(4동 204호)	–
최판석	총무팀	부장	자녀 결혼	300
김동훈	영업2팀	대리	생일	50(상품권)
백예령	IT개발팀	사원	본인 결혼	500

52. 인사팀의 사원 Z씨는 팀장님의 지시로 작년 4/4분기 지원 내역을 구분하여 정리했다. 다음 중 구분이 잘못된 직원은?

구분	이름
주택 지원	김만길, 최현식
경조사 지원	정희진, 김길동, 길태화, 최판석, 김동훈, 백예령
학자금 지원	유연화
기타	최선하, 송상현

① 정희진
② 김동훈
③ 유연화
④ 송상현

53. 다음은 올해 1/4분기 지원 내역이다. 변경된 복지 제도 내용으로 옳지 않은 것은?

이름	부서	직위	세부사항	금액(천 원)
김태호	총무팀	대리	장인상	1,000
이준규	영업2팀	과장	자녀 대학 등록금	4,000
박신영	기획팀	사원	생일	50(기프트 카드)
장민하	IT개발팀	차장	자녀 결혼	300
백유진	기획팀	대리	병가(실비 포함)	200
배주한	인사팀	차장	생일	50(기프트 카드)

① 경조사 지원금은 직위와 관계없이 동일한 금액으로 지원됩니다.

② 배우자 부모 사망 시 경조사비와 본인 부모 사망 시 경조사비를 동일하게 지급합니다.

③ 직원 본인 병가 시 위로금 10만 원과 함께 병원비(실비)를 함께 지급합니다.

④ 생일 시 지급되는 상품권을 현금카드처럼 사용할 수 있는 기프트 카드로 변경 지급합니다.

54. D그룹 홍보실에서 근무하는 사원 민경씨는 2018년부터 적용되는 새로운 조직 개편 기준에 따라 홈페이지에 올릴 조직도를 만들려고 한다. 다음 조직도의 빈칸에 들어갈 것으로 옳지 않은 것은?

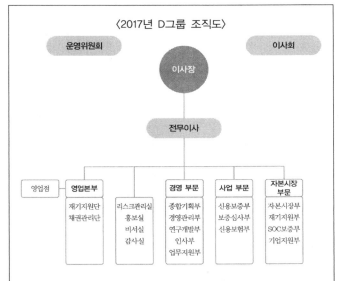

2018년 D그룹 조직 개편 기준

• 명칭변경 : 사업부문 → 신용사업부문

• 감사위원회를 신설하고 감사실을 감사위원회 소속으로 이동한다.

• 경영부문을 경영기획부문과 경영지원부문으로 분리한다.

• 경영부문의 종합기획부, 경영관리부, 연구개발부는 경영기획부문으로 인사부, 업무지원부는 경영지원부문으로 각각 소속된다.

• 업무지원부의 IT 관련 팀을 분리하여 IT전략부를 신설한다.

• 자본시장부문의 기업지원부는 영업본부 소속으로 이동한다.

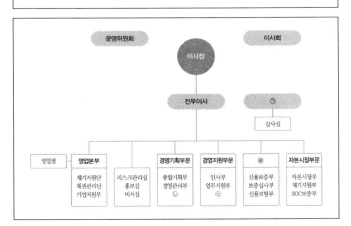

① ㉠ : 감사위원회 ② ㉡ : 연구개발부

③ ㉢ : IT전략부 ④ ㉣ : 사업부문

○○국의 항공기 식별코드는 '(현재상태부호)(특수임무부호)(기본임무부호)(항공기종류부호)-(설계번호)(개량형부호)'와 같이 최대 6개 부분(앞부분 4개, 뒷부분 2개)으로 구성된다.

항공기종류부호는 특수 항공기에만 붙이는 부호로, G는 글라이더, H는 헬리콥터, Q는 무인항공기, S는 우주선, V는 수직단거리이착륙기에 붙인다. 항공기종류부호가 생략된 항공기는 일반 비행기이다.

모든 항공기 식별코드는 기본임무부호나 특수임무부호 중 적어도 하나를 꼭 포함하고 있다. 기본임무부호는 항공기가 기본적으로 수행하는 임무를 나타내는 부호이다. A는 지상공격기, B는 폭격기, C는 수송기, E는 전자전기, F는 전투기, K는 공중급유기, L은 레이저탑재항공기, O는 관측기, P는 해상초계기, R은 정찰기, T는 훈련기, U는 다목적기에 붙인다.

특수임무부호는 항공기가 개량을 거쳐 기본임무와 다른 임무를 수행할 때 붙이는 부호이다. 부호에 사용되는 알파벳과 그 의미는 기본임무부호와 동일하다. 항공기가 기본임무와 특수임무를 모두 수행할 수 있을 때에는 두 부호를 모두 표시하며, 개량으로 인하여 더 이상 기본임무를 수행하지 못하게 된 경우에는 특수임무부호만을 표시한다.

현재상태부호는 현재 정상적으로 사용되고 있지 않은 항공기에만 붙이는 부호이다. G는 영구보존처리된 항공기, J와 N은 테스트를 위해 사용되고 있는 항공기에 붙이는 부호이다. J는 테스트 종료 후 정상적으로 사용될 항공기에 붙이는 부호이며, N은 개량을 많이 거쳤기 때문에 이후에도 정상적으로 사용될 계획이 없는 항공기에 붙이는 부호이다.

설계번호는 항공기가 특정그룹 내에서 몇 번째로 설계되었는지를 나타낸다. 1～100번은 일반 비행기, 101～200번은 글라이더 및 헬리콥터, 201～250번은 무인항공기, 251～300번은 우주선 및 수직단거리이착륙기에 붙인다. 예를 들어 107번은 글라이더와 헬리콥터 중 7번째로 설계된 항공기라는 뜻이다.

개량형부호는 한 모델의 항공기가 몇 차례 개량되었는지를 보여주는 부호이다. 개량하지 않은 최초의 모델은 항상 A를 부여받으며, 이후에는 개량될 때마다 알파벳 순서대로 부호가 붙게 된다.

55. 윗글을 근거로 판단할 때, 〈보기〉에서 항공기 식별코드 중 앞부분 코드로 구성 가능한 것을 모두 고르면?

㉠ KK	㉡ GBCV
㉢ CAH	㉣ R

① ㉠

② ㉠, ㉡

③ ㉡, ㉢

④ ㉡, ㉢, ㉣

56. 윗글을 근거로 판단할 때, '현재 정상적으로 사용 중인 개량하지 않은 일반 비행기'의 식별코드 형식으로 옳은 것은?

① (기본임무부호) - (설계번호)

② (기본임무부호) - (개량형부호)

③ (기본임무부호) - (설계번호)(개량형부호)

④ (현재상태부호)(특수임무부호) - (설계번호)(개량형부호)

57. T회사에서 근무하고 있는 N씨는 엑셀을 이용하여 작업을 하고자 한다. 엑셀에서 바로 가기 키에 대한 설명이 다음과 같을 때 괄호 안에 들어갈 내용으로 알맞은 것은?

통합 문서 내에서 (㉠) 키는 다음 워크시트로 이동하고 (㉡) 키는 이전 워크시트로 이동한다.

	㉠	㉡
①	〈Ctrl〉+〈Page Down〉	〈Ctrl〉+〈Page Up〉
②	〈Shift〉+〈Page Down〉	〈Shift〉+〈Page Up〉
③	〈Tab〉+←	〈Tab〉+→
④	〈Alt〉+〈Shift〉+↑	〈Alt〉+〈Shift〉+↓

58. 다음 워크시트에서 영업2부의 보험실적 합계를 구하고자 할 때, [G2] 셀에 입력할 수식으로 옳은 것은?

	A	B	C	D	E	F	G
1	성명	부서	성별	보험실적		부서	보험실적 합계
2	윤진주	영업1부	여	13		영업2부	
3	임성민	영업2부	남	12			
4	김옥순	영업1부	여	15			
5	김은지	영업3부	여	20			
6	최준오	영업2부	남	8			
7	윤한성	영업3부	남	9			
8	하은영	영업2부	여	11			
9	남영호	영업1부	남	17			

① =DSUM(A1:D9,3,F1:F2)

② =DSUM(A1:D9,"보험실적",F1:F2)

③ =DSUM(A1:D9,"보험실적",F1:F3)

④ =SUM(A1:D9,"보험실적",F1:F2)

59. 다음의 알고리즘에서 인쇄되는 S는?

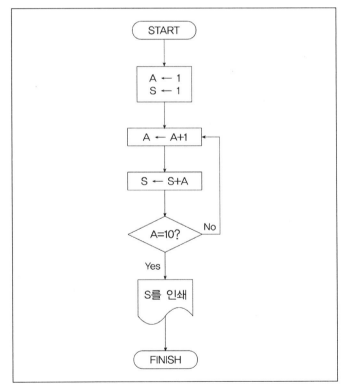

① 36
② 45
③ 55
④ 66

60. 다음 워크시트에서 [A2] 셀 값을 소수점 첫째자리에서 반올림하여 [B2] 셀에 나타내도록 하고자 한다. [B2] 셀에 알맞은 함수식은?

	A	B
1	숫자	반올림한 값
2	987.9	
3	247.6	
4	864.4	
5	69.3	
6	149.5	
7	75.9	

① ROUND(A2,−1)

② ROUND(A2,0)

③ ROUNDDOWN(A2,0)

④ ROUNDUP(A2,−1)

국민연금공단

직업기초능력평가

[시간선택제/고졸]

정답 및 해설

SEOWONGAK

(주)서원각

제1회 정답 및 해설

1 ①

공문서는 시행일자 뒤에 수신처에서 문서를 보존할 기간을 기입해야 하지만 행정기관이 아닌 경우에는 기재를 하지 않아도 된다. 참고로 보존기간의 표시로는 영구, 준영구, 10년, 5년, 3년, 1년 등을 사용한다.

2 ②

사회보험의 종류에는 공적연금, 건강보험, 산재보험, 고용(실업)보험, 노인장기요양보험 등이 있으며 공적연금은 다시 노령연금, 유족연금, 장애연금으로 구분된다.

3 ④

④ 기원 – 祈願

4 ④

법정대시인 → 법정대리인
재란법인 → 재단법인
정부투기기관 → 정부투자기관
체유하는 → 체류하는

5 ④

기초연금의 본래 목적으로 언급된 것은 '우리나라의 높은 노인 빈곤 해소 및 노인들의 생활안정에 기여'라고 볼 수 있다. 따라서 노인을 부양하고 있는 자녀들의 부양비용 감소 여부를 파악하는 것은 본래의 기초연금의 목적과 직접적인 관계가 있다고 보기 어렵다.

6 ③

㈎에서 나무꾼은 도끼날이 무뎌졌다는 근본적인 원인을 찾지 못해 지칠 때까지 힘들게 나무를 베다가 결국 바닥에 드러눕고 말았다. 따라서 이를 끈기 있게 노력하지 않고 좋은 결과를 바라는 업무 태도 개선에 적용하는 것은 적용 대상의 모색이 잘못된 것이다.

7 ①

입찰 매매는 서면으로 최고 및 최저 가격을 제시한 자와 계약을 체결하며 주로 관공서나 공기업 등의 물품 구입이나 공사 발주 시 이용된다.

8 ②

기업의 자금 조달 중 보통주 발행은 자기 자본으로 형성되며 주식에 투자한 주주는 경영 참가권을 갖게 된다. 채권 발행은 타인 자본이며, 기업은 이자 부담과 원금 상환 의무를 가지게 된다.

9 ④

④ 절약은 소비를 줄이는 행동이지만 이를 통해 원자로 1기를 덜 지어도 동일한 생산 효과를 얻을 수 있다는 말이다.
① 절약을 통해 생산이 감소한다는 것은 단순하게 이해한 것으로, 절약을 통해 불필요한 생산을 막을 수 있다는 의미가 드러나지 않았다.
② 절약으로 전력 사용량을 감소시킬 수 있다.
③ 절약을 통해 불필요한 생산을 막을 수 있기 때문에 생산과 관련이 있다.

10 ④

④ 글쓴이는 우리가 처해진 문제 상황을 제시하고 이 속에서 에너지의 절약은 선택 사항이 아니라 반드시 해야 하는 필수임을 강조하고 있다.

11 ①

주식, 채권은 직접 금융 시장에서 자금을 조달하며, 주식은 수익성이 높으며, 저축과 채권은 주식보다는 안정성이 높다.

12 ④

홍수량 배제능력이 부족한 저수지 등의 주요시설 복구는 개선복구를 원칙으로 한다.

13 ④

고객은 많은 문제를 풀어보기를 원하므로 우선적으로 예상문제의 수가 많은 것을 찾아야 한다.

14 ③

고객의 요구인 20,000원 가격선과 예상문제의 수가 많은 도서는 문제완성이 된다.

15 ③

㉠㉡을 통해 노인인구 증가에 대한 문제제기를 제기하고, ㉢을 통해 노인 복지 정책의 바람직한 방향을 금전적인 복지보다는 경제적인 독립, 즉 일자리 창출 등으로 잡아야 한다고 논지를 전개해야 한다.

16 ①

한글 맞춤법 제43항에 따르면 '단위를 나타내는 명사는 띄어 쓴다.'라고 규정하고 있다. 다만, 순서를 나타내는 경우나 숫자와 어울리어 쓰이는 경우에는 붙여 쓸 수 있다.

17 ④

주체 높임은 용언의 어간에 높임의 선어말 어미 '-시-'를 붙여 문장의 주체를 높인다.
㉣에서는 종결어미 '-지요'를 사용하여 청자에게 높임의 태도를 나타내는 상대 높임 표현이 쓰였다.

18 ④

김 실장은 중국의 소비가 급등한 원인을 1인 가구의 급속한 증가로 인한 것으로 보았으나 인도는 10가구 중 9가구가 자녀가 있으며, 부양가족의 수가 많으면 소비가 낮다는 것을 고려한 것이다.

19 ③

① 건강보험공단에서 지원하는 제도이다.
② 임신지원금은 임신 1회당 50만원이나 다태아 임신 시에는 70만원이 지급된다.
④ 지원기간은 신청에 관계없이 이용권 수령일로부터 분만예정일＋60일까지이다.

20 ①

만약 A가 범인이라고 가정한다면

	A	B	C
첫 번째 진술	×	×	○
두 번째 진술			×
세 번째 진술			×

C의 두 번째와 세 번째 진술은 거짓이므로 A와 C는 만나 적이 있다.
그러면 A의 세 번째 진술은 참이 되고 A의 두 번째 진술과 B의 세 번째 진술은 거짓이 된다.
이 경우 B의 첫 번째 진술과 세 번째 진술이 거짓이므로 두 번째 진술은 참이 되어야 하는데 C이 두 번째 진술과 상충되므로 가정을 한 A는 범인이 아니다.
C가 범인이라고 가정을 하면 A-㉢, B-㉡, C-㉡이 진실일 때 모순이 없다.

21 ②

② 시제품 B는 C에 비해 독창성 점수가 2점 높지만 총점은 같다. 따라서 옳지 않은 발언이다.

22 ②

〈보기〉의 내용을 문제에 더해서 생각하면 'C는 변호사이다.'를 참으로 가정하면

	교사	변호사	의사	경찰	
A	×	×	×	○	경찰
B	○	×	×	×	교사
C	×	○	×	×	변호사
D	×	×	○	×	의사

이렇게 되나, '① A는 교사와 만났지만, D와는 만나지 않았다.'와 '④ D는 경찰과 만났다.'는 모순이 된다. 그러므로 ㉠ C는 변호사이다 → 거짓
㉡ 명제를 참이라고 가정하면 의사와 경찰은 만났으

므로 B, C는 둘 다 의사와 경찰이 아니다. D는 경찰이 아니므로 A가 경찰, D가 의사가 된다. 그러나 ①에서 A와 D는 만나지 않았다고 했으므로 ④에서 만났다고 해도 모순이 된다.

그러므로 ㉠과 ㉡은 모두 거짓이다.

23 ②

각 조건의 대우는 다음과 같다.
• 영어를 잘하는 사람은 수학도 잘한다.
• 미술을 잘하는 사람은 국어도 잘한다.
• 미술을 못하는 사람은 영어도 못한다.

주어진 세 번째 조건과, 두 번째 조건의 대우를 연결하면 '영어를 잘하는 사람은 미술을 잘하고, 미술을 잘하는 사람은 국어도 잘한다'가 되므로 B는 옳다. A는 알 수 없다.

24 ②

• 화, 수, 목 중에 실시해야 하는 금연교육을 4회 실시하기 위해서는 반드시 화요일에 해야 한다.
• 금주교육이 월요일과 금요일을 제외한 다른 요일에 시행하므로 10일 이전, 같은 주에 이틀 연속으로 성교육을 실시할 수 있는 날짜는 4~5일뿐이다.
• 상황과 조건에 따라 A대학교 보건소의 교육 일정을 정리해 보면 다음과 같다.

월	화	수	목	금	토	일
1	금연 2	3	성 4	성 5	X 6	X 7
8	금연 9	10	11	12	X 13	X 14
15	금연 16	17	18	19	X 20	X 21
중 22	간 23	고 24	사 25	주 26	X 27	X 28
29	금연 30					

• 금주교육은 (3, 10, 17), (3, 10, 18), (3, 11, 17), (3, 11, 18) 중 실시할 수 있다.

25 ④

반장은 머리가 좋다. 또는 반장은 얼굴이 예쁘다(㉢ 또는 ㉣).
머리가 좋거나 얼굴이 예쁘면 반에서 인기가 많다(㉤).
∴ 반장은 반에서 인기가 많다.

※ ㉥의 경우 머리도 좋고 얼굴도 예뻐야 반에서 인기가 많다는 의미이므로 주어진 진술이 반드시 참이 되지 않는다.

26 ③

㉢ 팀장님이 월요일에 월차를 쓴다고 하였다. → 월요일은 안 된다.
㉣ 실장님이 김 대리에게 우선권을 주어 월차를 쓸 수 있는 요일이 수, 목, 금이 되었다. → 월차를 쓸 수 있는 날이 수, 목, 금이라는 말은 화요일이 공휴일임을 알 수 있다.
㉤ 김 대리는 5일에 붙여서 월차를 쓰기로 하였다.
그럼 여기서 공휴일에 붙여서 월차를 쓰기로 했으므로 화요일이 공휴일이므로 수요일에 월차를 쓰게 된다.

27 ③

A는 1호선을 이용하지 않았으므로 4호선을 탔다. 그러면 D는 1호선을 이용하였고, B도 1호선을 이용하였다. F와 G 둘 중에 한 명은 1호선을 이용하였다. 그러므로 1호선을 이용한 사람은 3명이 되므로 E는 1호선을 탈 수 없다.

	A	B	C	D	E	F	G
1호선	×	○		○			
4호선	○	×		×			

28 ③

앞의 두 수를 더한 뒤 ×2를 해주는 규칙이다. 따라서
$(10+28) \times 2 = 76$

29 ③

$$\frac{1}{20} + \frac{1}{30} + \frac{1}{42} + \frac{1}{56} + \frac{1}{72}$$

$$= \frac{1}{4 \times 5} + \frac{1}{5 \times 6} + \frac{1}{6 \times 7} + \frac{1}{7 \times 8} + \frac{1}{8 \times 9}$$

$$= \left(\frac{1}{4} - \frac{1}{5}\right) + \left(\frac{1}{5} - \frac{1}{6}\right) + \left(\frac{1}{6} - \frac{1}{7}\right) + \left(\frac{1}{7} - \frac{1}{8}\right) + \left(\frac{1}{8} - \frac{1}{9}\right)$$

$$= \frac{1}{4} - \frac{1}{9}$$

$$= \frac{9 - 4}{36} = \frac{5}{36}$$

30 ④

아들들이 받는 돈의 비율은 10:5:3이다. 막내아들은 90,000원의 $\frac{3}{18}$을 받으므로 15,000원을 받는다.

31 ②

주어진 조건에 의해 다음과 같이 계산할 수 있다.
{(1,000,000 + 100,000 + 200,000) × 12
+ (1,000,000 × 4) + 500,000} ÷ 365 × 30
= 1,652,055원
따라서 소득월액은 1,652,055원이 된다.

32 ③

4명의 참석자를 각각 A, B, C, D라 하고 좌석을 a, b, c, d라 하면
4명 중 A만 자신의 자리 a에 앉고 나머지 좌석에 3명이 앉을 경우의 수는
3 × 2 × 1 = 6가지
그러나 3명은 모두 자신의 자리가 아닌 곳에 앉아야 하므로 (A, C, D, B), (A, D, B, C)의 2가지만 조건에 해당된다.

a	A					
b	B		C		D	
c	C	D	B	D	B	C
d	D	C	D	B	C	B

그러므로 경우의 수는 4 × 2 = 8가지가 된다.

33 ③

㉮ 경상수지, ㉯ 본원소득수지

경상수지는 상품수지, 서비스수지, 본원소득수지, 이전소득수지로 구성되며, 자본금융 계정은 자본수지와 금융계정으로 구성된다.

㉠ 경상수지 적자가 지속되면 통화량이 줄어들어 디플레이션이 발생할 수 있다.

㉡ 국내 기업이 보유하고 있는 외국인의 배당금을 해외로 송금하면 본원소득수지에 영향을 미친다.

㉢ 국내 기업이 외국에 주식을 투자할 경우 영향을 미치는 수지인 금융계정은 흑자가 지속되고 있다.

㉣ 외국 기업이 보유한 특허권 이용료 지불이 영향을 미치는 수지인 자본금융은 2014년 적자를 기록하고 있다.

34 ③

고등학교	국문학과	경제학과	법학과	기타	진학 희망자수
A	(420명) 84명	(70명) 7명	(140명) 42명	(70명) 7명	700명
B	(250명) 25명	(100명) 30명	(200명) 60명	(100명) 30명	500명
C	(60명) 21명	(150명) 60명	(120명) 18명	(180명) 18명	300명
D	(20명) 6명	(100명) 25명	(320명) 64명	(120명) 24명	400명

35 ②

① 1인 가구인 경우 852,000원, 2인 가구인 경우 662,000원, 3인 가구인 경우 520,000원으로 영·유아 수가 많을수록 1인당 양육비가 감소하고 있다.

② 1인당 양육비는 영·유아가 1인 가구인 경우에 852,000원으로 가장 많다.

③ 소비 지출액 대비 총양육비 비율은 1인 가구인 경우 39.8%로 가장 낮다.

④ 영·유아 3인 가구의 총양육비의 절반은 793,500원이므로 1인 가구의 총양육비는 3인 가구의 총양육비의 절반을 넘는다.

36 ①

할부 이용시 연이율은 3%가 적용되지만, 선수금이 10% 오르는 경우 0.5% 하락하므로 초기비용으로 500만 원을 지불하면 연이율은 2.5%가 적용된다.

37 ③

설치일로부터 18개월 이후 해지시 위약금은 남은 약정금액의 10%이므로
(690,000원×19회)×0.1=1,311,000원

38 ①

$\dfrac{\text{이수인원}}{\text{계획인원}}×100 = \dfrac{2,159.0}{5,897.0}×100 ≒ 36.7(\%)$

39 ③

㉠ 중국은 미국보다 1인당 취수량이 적다.

㉡ 미국은 인도보다 농업용도 취수 비중이 낮지만 1인당 취수량이 매우 많기 때문에 1인당 농업용수의 취수량이 많다.

㉢ 오스트레일리아는 브라질보다 물 자원량에서 차지하는 취수량의 비중이 높다.

브라질 : $\dfrac{59}{8,243} = 0.00715$

오스트레일리아 : $\dfrac{24}{492} = 0.04878$

㉣ 물 자원량이 많은 국가라고 해서 1인당 물 자원량이 많지는 않다.

40 ④

① 커피전체에 대한 수입금액은 2008년 331.3, 2009년 310.8, 2010년 416, 2011년 717.4, 2012년 597.6으로 2009년과 2012년에는 전년보다 감소했다.

② 생두의 2011년 수입단가는(528.1 / 116.4 = 4.54) 2010년 수입단가(316.1 / 107.2 = 2.95)의 약 1.5배 정도이다.

③ 원두의 수입단가는 2008년 11.97, 2009년 12.06, 2010년 12.33, 2011년 16.76, 2012년 20.33로 매해마다 증가하고 있다.

41 ③

① 2010년 원두의 수입단가 = 55.5 / 4.5 = 12.33

② 2011년 생두의 수입단가 = 528.1 / 116.4 = 4.54

③ 2012년 원두의 수입단가 = 109.8 / 5.4 = 20.33

④ 2011년 커피조제품의 수입단가 = 98.8 / 8.5 = 11.62

42 ④

㉢ 2016년 여성 평균 임금이 남성 평균 임금의 60%이므로 남성 평균 임금은 여성 평균 임금의 2배가 되지 않는다.

㉣ 고졸 평균 임금 대비 중졸 평균 임금의 값과 고졸 평균 임금 대비 대졸 평균 임금의 값 간의 차이는 2014년(1.20-0.78=0.42)과 2016년(1.14-0.72=0.42)에 0.42로 같다. 그러나 비교의 기준인 고졸 평균 임금이 상승하였으므로 중졸과 대졸 간 평균 임금의 차이는 2014년보다 2016년이 크다.

43 ①

㉢ 다문화 가정의 취학 학생 수가 26,015명에서 31,788명으로 약 22.2%가 증가하였다.

㉣ 2013년에는 그 비중이 전년도에 비해 감소하였다.

44 ④

$\text{보증료} = \text{보증금액} × \text{최종 적용 보증료율} × \dfrac{\text{보증기간}}{365}$

보증금액은 150억 원

최종 적용 보증료율은 CCRS 기준 K6등급이므로 1.2%의 보증료율, 보증비율 미충족이므로 가산요율 0.2%p, 물가안정 모범업소로 지정받았으므로 차감요율 0.2%p를 모두 합하여 계산하면

150억 원×(1.2%+0.2%-0.2%)×$\dfrac{73}{365}$ = 3,600만 원이 된다.

45 ①

사슴＝판다＋토끼

기린＝사자＋토끼

사슴 2＝판다 4~사자 2

기린 2＝판다 2＋사자 4

기린 4＋사슴 3＝토끼 5＋판다 7＋사자 5

사자 5＝기린 2

여기서 사자 5에 기린 2를 대입하면 기린 4＋사슴 3
＝토끼 5＋판다 7＋기린 2

기린 2＋사슴 3＝토끼 5＋판다 7 → 사슴＝판다＋토
끼를 대입하면

기린 2＋판다 3＋토끼 3＝토끼 5＋ 판다 7 → 기린 2
＝토끼 2＋판다 4

여기서 기린＝사자＋토끼를 대입하면

사자 2＋토끼 2＝토끼 2＋ 판다 4

사자＝＝판다 2 이므로 사자 인형의 가격은 2,000원
토끼 인형은 3,000원, 사슴 인형은 4,000원, 기린 인
형은 5,000원이 된다.

46 ②

② "유럽에서의 한방 원료 등을 이용한 'Korean Therapy'
관심 증가"라는 기회를 이용하여 "아시아 외 시장에서의
존재감 미약"이라는 약점을 보완하는 WO전략에 해당한다.

47 ④

'작업환경변화 등 우수 인력 유입 촉진을 위한 기반
조성'을 통해 '신규 인재 기피'라는 약점을 보완하고,
'이직 등에 의한 이탈이라는 위협을 회피한다.

48 ②

ⓒ 조직은 공식화 정도에 따라 공식조직과 비공식조
직으로 구분할 수 있다. 영리성을 기준으로는 영
리조직과 비영리조직으로 구분된다.

ⓔ 공식조직 내에서 인간관계를 지향하면서 비공식조
직이 새롭게 생성되기도 한다. 이는 자연스러운
인간관계에 의해 일체감을 느끼고 가치나 행동유
형 등이 공유되어 공식조직의 기능을 보완해주기
도 한다.

ⓜ 기업과 같이 이윤을 목적으로 하는 조직을 영리조
직이라 한다.

49 ④

거래처 식대이므로 접대비지출품의서나 지출결의서를
작성하고 30만 원 이하이므로 최종 결재는 본부장이
한다. 본부장이 최종 결재를 하고 본부장 란에는 전결
을 표시한다.

50 ④

해외출장비는 교통비에 해당하며, 출장계획서의 경우 팀
장, 출장비신청서의 경우 대표이사에게 결재권이 있다.

51 ③

③ 상석을 결정할 경우, 나이와 직위가 상충된다면 직
위가 나이를 우선하게 된다. 또한 식사 테이블의 좌석
을 정하는 에티켓으로는 여성 우선의 원칙, 기혼자 우
선의 원칙 등이 있다.

52 ③

임파워먼트는 권한 위임을 의미한다. 직원들에게 일정
권한을 위임함으로서 훨씬 수월하게 성공의 목표를
이룰 수 있을 뿐 아니라 존경받는 리더로 거듭날 수
있다. 권한 위임을 받은 직원은 자신의 능력을 인정받
아 권한을 위임받았다고 인식하는 순간부터 업무효율
성이 증가하게 된다.

53 ②

ⓒ 사장직속으로는 3개 본부, 12개 처, 3개 실로 구성
되어 있다.

ⓒ 해외부사장은 2개의 본부를 이끌고 있다.

ⓔ 노무처는 관리본부에, 재무처는 기획본부에 소속되
어 있다.

54 ②

제시된 글에서는 조직문화의 기능 중 특히 조직 성과와의 연관성을 언급하고 있다. 강력하고 독특한 조직문화는 기업이 성과를 창출하는 데에 중요한 요소이며, 종업원들의 행동을 방향 짓는 강력한 지렛대의 역할을 한다고도 볼 수 있다. 그러나 이러한 조직문화가 조직원들의 단합을 이끌어 이직률을 일정 정도 낮출 수는 있으나, 외부 조직원을 흡인할 수 있는 동기로 작용한다고 보기는 어렵다. 오히려 강력한 조직문화가 형성되어 있을 경우, 외부와의 융합이 어려울 수 있으며, 타 조직과의 단절을 통하여 '그들만의 세계'로 인식될 수 있다. 따라서 조직문화를 통한 외부 조직원의 흡인은 조직문화를 통해 기대할 수 있는 기능으로 볼 수는 없다.

55 ②

① 카리스마적 리더가 뛰어난 개인적 능력으로 부하에게 심대하고 막중한 영향을 미친다.
③ 리더는 부하중심적이며, 부하에게 봉사한다.
④ 연관성이 높은 공공문제를 해결하기 위해서는 촉매작용적 기술과 능력이 필요하며 리더는 전략적으로 사고해야 한다.

56 ③

협상이란 것은 갈등상태에 있는 이해당사자들이 대화와 논쟁을 통하여 서로를 설득하여 문제를 해결하는 정보전달과정이자 의사결정과정이다. ①②④는 우리가 흔히 일상생활에서 겪을 수 있는 협상의 예를 보여주고 있다.

57 ①

'EOMONTH(start_date, months)' 함수는 시작일에서 개월수만큼 경과한 이전/이후 월의 마지막 날짜를 반환한다. 따라서 [C3] 셀에 있는 날짜 2014년 3월 22일의 1개월이 지난 4월의 마지막 날은 30일이다.

58 ③

'A'와 'B'가 번갈아 가면서 나타나므로 [A5] 셀에는 'A'가 입력되고 13.9에서 1씩 증가하면서 나타나므로 [B5] 셀에는 '17.9'가 입력된다.

59 ④

POWER(number, power) 함수는 number 인수를 power 인수로 제곱한 결과를 반환한다. 따라서 5의 3 제곱은 125이다.

60 ①

②③ 현재 통합문서를 닫는 기능이다.
④ 새 통합문서를 만드는 기능이다.

제 2 회 정답 및 해설

1 ④

임시회이 → 임시회의

재직위원 → 재적위원

자분 → 자문

방청건 → 방청권

대통령영 → 대통령령

2 ①

㈎ **임의계속가입자** : 국민연금 가입자 또는 가입자였던
자가 기간연장 또는 추가 신청을 통하여 65세까지
가입을 희망하는 가입자를 말한다.

㈏ **임의가입자** : 사업장가입자 및 지역가입자 외의 자
로서 국민연금에 가입된 자를 말한다.

㈐ **지역가입자** : 사업장가입자가 아닌 자로서 국민연금
에 가입된 자를 말한다.

㈑ **사업장 가입자** : 사업장에 고용된 근로자 및 사용자
로서 국민연금에 가입된 자를 말한다.

3 ②

위 문서는 기안서로 회사의 업무에 대한 협조를 구하거나
의견을 전달할 때 작성하며, 흔히 사내 공문서라고도 한다.

4 ③

주주는 증권 시장을 통해 자신들의 주식을 거래할 수
있으며, 감사는 이사회의 업무 및 회계를 감시한다.

5 ③

선발인원, 활동 내역, 혜택사항 등은 인원을 모집하려
는 글에 반드시 포함되어야 할 사항이라고 볼 수 있
으며, 문의처를 함께 기재하는 것이 모집 공고문 작성
의 일반적인 원칙이다. 활동비 지급 내역 등과 같은
세부 사항은 '응모'와 관련된 직접적인 사항이 아니므로
공고문에 반드시 포함될 필요는 없다고 보아야 한다.

6 ④

④ 국제노동기구에서는 사회보장의 구성요소로 전체
국민을 대상으로 해야 하고, 최저생활이 보장되어야
하며 모든 위험과 사고가 보호되어야 할뿐만 아니라
공공의 기관을 통해서 보호나 보장이 이루어져야 한
다고 하였다.

7 ③

③ **파급**(波及) : 어떤 일의 여파나 영향이 차차 다른
데로 미침.

① **통용**(通用) : 일반적으로 두루 씀. 또는 서로 넘나
들어 두루 씀.

② **책정**(策定) : 계획이나 방책을 세워 결정함.

④ **양육**(養育) : 아이를 보살펴서 자라게 함.

8 ③

'찬성 2'는 두 번째 입론에서 자신이 경험한 사례를 근
거로 한식의 세계화를 위해 한식의 표준화가 필요하
다는 주장을 하고 있다. 이 주장에 앞서 여러 대안들
을 검토한 바 없으므로, 여러 대안들 중 한식의 표준
화가 최선의 선택이라는 점을 부각하고 있다는 것은
적절하지 않다.

9 ②

② B와 C가 취미가 같고, C는 E와 취미생활을 둘이
서 같이 하므로 B가 책읽기를 좋아한다면 E도 여가
시간을 책읽기로 보낸다.

10 ③

채무자인 乙이 실제 수령한 금액인 1,200만 원을 기준으로 최고연이자율 연 30%를 계산하면 360만 원이다. 그런데 선이자 800만 원을 공제하였으므로 360만 원을 초과하는 440만 원은 무효이며, 약정금액 2,000만 원의 일부를 변제한 것으로 본다. 따라서 1년 후 乙이 갚기로 한 날짜에 甲에게 전부 변제하여야 할 금액은 2,000 − 440 = 1,560만 원이다.

11 ②

甲~戊의 심사기준별 점수를 산정하면 다음과 같다. 단, 丁은 신청마감일(2014. 4. 30.) 현재 전입일부터 6개월 이상의 신청자격을 갖추지 못하였으므로 제외한다.

구분	거주 기간	가족 수	영농 규모	주택 노후도	사업 시급성	총점
甲	10	4	4	8	10	36점
乙	4	8	10	6	10	38점
丙	6	6	8	10	10	40점
戊	8	6	10	8	4	36점

따라서 상위 2가구는 丙과 乙이 되는데, 2가구의 주소지가 B읍·면으로 동일하므로 총점이 더 높은 丙을 지원하고, 나머지 1가구는 甲, 戊의 총점이 동점이므로 가구주의 연령이 더 높은 甲을 지원하게 된다.

12 ②

직원정보를 등락, 수정 → 직원정보를 등록, 수정

신규경보 → 신규정보

인력형황 → 인력현황

13 ③

① 혼례(혼인할 혼, 예도 례)

② 축복(빌 축, 복 복)

③ 혜량(은혜 혜, 믿을 량)

④ 형통(형통할 형, 통할 통)

14 ②

메모

전 직원들에게

Robert Burns로부터

직원회의에 관하여

월요일에 있을 회의 안건에 대하여 모두에게 알리고자 합니다. 회의는 브리핑과 브레인스토밍 섹션으로 구성될 예정입니다. 회의에서 제안할 사무실 재편성에 관한 아이디어를 준비하여 오시기 바랍니다. 회의는 긍정적인 분위기를 유지하기를 원한다는 점을 기억하시기 바랍니다. 우리는 회의에서 여러분이 제안한 그 어떤 아이디어에도 전혀 비판을 하지 않을 것입니다. 모든 직원들이 회의에 참석할 것을 기대합니다.

15 ①

인과관계를 나열하면 성적 하락은 업무 숙련도가 떨어지기 때문이고, 이는 코칭이 부족하기 때문이며, 이는 팀장이 너무 바쁘기 때문이고 결국 팀에 할당되는 많은 업무를 팀장이 대부분 직접 하려고 하기 때문이다.

16 ③

각 프로젝트의 연도별 소요 예산을 정리하면 다음과 같다.

				1	2	3	4	5
A	1	4						
B	15	18	21					
C	15							
D	15	8						
E	6	12	24					
				20	24	28	35	40

B, E 프로젝트의 기간은 3년이므로 가장 길다. 그러므로 가용 예산을 초과하지 않도록 하기 위해서는 3년 차에 시작하여야 한다. B 프로젝트는 1년 또는 2년 차에 시작할 수 있으나 E 프로젝트의 예산을 따져 보면 2년 차에 시작하여야 한다.

				1	2	3	4	5
A	1	4			1	4		
B	15	18	21		15	18	21	
C	15							15
D	15	8		15	8			
E	6	12	24			6	12	24
				20	24	28	35	40

17 ①

㉠ 2세대 가구에는 핵가족과 확대가족 모두 있기 때문에 알 수 없다. (×)

㉡ 가구 당 가구원 수를 모르기 때문에 총 인구수를 알 수 없다. (×)

㉢ 1인 가구는 1명이기 때문에 A지역의 1인 가구 총 인구수는 3,000명, B지역의 1인 가구 총 인구수는 3,500명으로 A지역이 더 적다. (○)

㉣ A지역은 4,000÷10,000, B지역은 4,000÷8,000으로 B지역이 더 높다. (○)

18 ④

④ 실태조사를 위해선 대화의 방법, 횟수, 시간, 중요성 등을 조사하여야 한다.

19 ③

③ 주어진 글에서 선진국과 아동·청소년의 근시 비율의 관계는 알 수 없다.

20 ①

언어의 기능

㉠ 표현적 기능 : 말하는 사람의 감정이나 태도를 나타내는 기능이다. 언어의 개념적 의미보다는 감정적인 의미가 중시된다. →[예 : 느낌, 놀람 등 감탄의 말이나 욕설, 희로애락의 감정표현, 폭언 등]

㉡ 정보전달기능 : 말하는 사람이 알고 있는 사실이나 지식, 정보를 상대방에게 알려 주기 위해 사용하는 기능이다. →[예 : 설명, 신문기사, 광고 등]

㉢ 사교적 기능(친교적 기능) : 상대방과 친교를 확보하거나 확인하여 서로 의사소통의 통로를 열어 놓아주는 기능이다. →[예 : 인사말, 취임사. 고별사 등]

㉣ 미적 기능 : 언어예술작품에 사용되는 것으로 언어를 통해 미적인 가치를 추구하는 기능이다. 이 경우에는 감정적 의미만이 아니라 개념적 의미도 아주 중시된다. →[예 : 시에 사용되는 언어]

㉤ 지령적 기능(감화적 기능) : 말하는 사람이 상대방에게 지시를 하여 특정 행위를 하게 하거나, 하지 않도록 함으로써 자신의 목적을 달성하려는 기능이다. →[예 : 법률, 각종 규칙, 단체협약, 명령, 요청, 광고문 등의 언어]

21 ④

기획안의 작성도 중요하나 발표시 문서의 내용을 효과적으로 전달하는 것이 무엇보다 중요하다. 문서만 보면 내용을 이해하기 어렵고 의도한 내용을 바로 파악할 수 없기 때문에 간결하고 시각적인 문서작성이 중요하다.

22 ③

③ 고급문화와 대중문화의 경계가 무너지고 장르 간 구분이 모호해지면서 서로 다른 문화가 뒤섞여 새로운 문화가 생겨나고 있다고 언급하고 있다.

23 ③

'뿐만 아니라'의 쓰임으로 볼 때 이 글의 앞부분에는 문화와 경제의 영역이 무너지고 있다는 내용이 언급되어야 한다. 따라서 (나) 뒤에 이어지는 것이 적절하다.

24 ③

일정의 최종 결정권한은 상사에게 있으므로 부하직원이 스스로 독단적으로 처리해서는 안 된다.

25 ③

명칭 파일링 시스템(Alphabetic Filing System) ··· 문서 등을 알파벳순이나 자모순으로 배열한 것으로 가이드 배열이 단순·간편하고 유지비용이 저렴하며 직접검색이 용이하다. 하지만 보안의 위험이 크고 배열오류가 발생하기 쉽다.

26 ③

주어진 조건들을 종합하면 A는 파란색 옷 입은 의사, B는 초록색 옷을 입은 선생님, C는 검은색 옷을 입은 외교관, D는 갈색 옷을 입은 경찰이므로 회장의 직업은 경찰이고, 부회장의 직업은 의사이다.

	외교관, 검정 C ↓	의사, 파랑 A ↓
창 가	↑ D 경찰, 갈색	↑ B 선생님, 초록

27 ④

지역가입자 중 공적소득이 많은 것으로 인정되는 자는 생업 목적에 해당하는 근로를 제공한다고 보지 않으므로 근로자에서 제외된다.

① 건설일용근로자는 1개월간 근로일수가 20일 이상인 경우에 사업장 가입자 신고대상이 된다.

② '소득 있는 업무 종사자'가 되므로 조기노령연금 수급권자인 경우에는 다시 사업장 가입자로 신고할 수 있다.

③ 대학 시간강사의 경우 월 60시간 미만인 자로서 생업목적으로 3개월 이상 근로를 제공하기로 한 경우에 신고대상에 해당된다.

28 ②

대학 시간강사의 경우, 1개월의 근로시간이 50시간(60시간 미만)이더라도 생업을 목적으로 3개월 이상의 근로를 제공하게 되면, '근로자에서 제외되는 자'의 조건에서 제외되므로 근로자가 되어 사업장 가입자 자격 취득 신고대상이 된다.

① 2016년에 시행된 규정에 의해 둘 이상 사업장에 근로를 제공하면서 각 사업장의 1개월 소정근로시간의 합이 60시간 이상인 사람으로서 1개월 소정근로시간이 60시간 미만인 사업장에서 근로자로 적용되기를 희망하는 자는 근로자에서 제외되므로 신고대상에서 제외된다.

③ 일용근로자 또는 1개월 미만의 기한을 정하여 사용되는 근로자에 해당되므로 '근로자'의 개념에서 제외되어 신고대상에서 제외된다.

④ 소득이 발생하지 않는 법인의 이사이므로 근로자에서 제외되어 신고대상에서 제외된다.

29 ①

A 학생은 영어보다 수학 성적이 더 높다.

30 ③

누나의 나이를 x, 엄마의 나이를 y라 하면,

$2(10+x)=y$

$3(x+3)=y+3$

두 식을 연립하여 풀면,

$x=14$(세)

31 ③

민수와 동기가 동시에 10개의 동전을 던졌을 때, 앞면의 개수가 많이 나올 확률은 민수와 동기 모두 같다. 둘이 10개의 동전을 함께 던진 후 동기가 마지막 한 개의 동전을 던졌다고 하면 앞면이 나올 확률은 50%이다. 그러므로 이 게임에서 민수와 동기가 이길 확률은 동일하다.

32 ①

이틀 연속으로 청구된 보상 건수의 합이 2건 미만인 경우는, 첫째 날과 둘째 날 모두 보상 건수가 0건인 경우, 첫째 날 보상 건수가 0건이고 둘째 날 1건인 경우, 첫째 날 보상 건수가 1건이고 둘째 날 0건인 경우가 존재한다.

$\therefore 0.4 \times 0.4 + 0.4 \times 0.3 + 0.3 \times 0.4$

$= 0.16 + 0.12 + 0.12 = 0.4$

33 ②

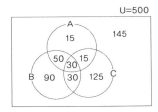

A, B, C 시험에 모두 불합격한 학생은

$500 - (15 + 15 + 50 + 30 + 90 + 30 + 125) = 145$(명)

이다.

34 ④

판매 총액은 판매 가격과 판매량을 곱한 값이다.

판매 가격을 $10 + X$라고 하면 판매량은 $360 - 20X$

판매 총액$= (10 + X) \times (360 - 20X)$

$3,600 - 200X + 360X - 20X^2$

$-20X^2 + 160X + 3,600$

$-20(X^2 - 8X) + 3,600 = -20(X-4)^2 + 3,920$

$X = 4$일 때 판매 총액은 3,920만 원

35 ③

    ③ 같은 지역 안에서는 월간 가격 비교가 가능하다. '다' 지역의 경우 3월 아파트 실거래 가격지수가 100.0이므로 3월의 가격과 1월의 가격이 서로 같다는 것을 알 수 있다.

    ① 각 지역의 아파트 실거래 가격지수의 기준이 되는 해당 지역의 1월 아파트 실거래 가격이 제시되어 있지 않으므로 다른 월의 가격도 알 수 없으므로 비교가 불가능하다.

    ② 아파트 실거래 가격지수가 높다고 하더라도 기준이 되는 1월의 가격이 다른 지역에 비하여 현저하게 낮다면 실제 가격은 더 낮아질 수 있으나 가격이 제시되어 있지 않으므로 비교가 불가능하다.

    ④ '가' 지역의 7월 아파트 실거래 가격지수가 104.0이므로 1월 가격이 1억 원일 경우, 7월 가격은 1억 4천만 원이 아니라 1억 4백만 원이 된다.

36 ④

    2016년의 기초연금 수급률이 65.6%이므로 기초연금 수급률은 65세 이상 노인 수 대비 수급자의 비율이라고 볼 수 있다. 따라서 이에 의해 2009년의 기초연급 수급률을 구해 보면, $3,630,147 \div 5,267,708 \times 100 = 68.9\%$가 된다. 따라서 68.9%와 65.6%와의 증감률을 구하면 된다. 이것은 다시 $(65.6 - 68.9) \div 68.9 \times 100 = -4.8\%$가 된다.

37 ②

    1인 수급자는 전체 부부가구 수급자의 약 17%에 해당하며, 전체 기초연금 수급자인 4,581,406명에 대해서는 약 8.3%에 해당한다.

    ① 기초연금 수급자 대비 국민연금 동시 수급자의 비율은 2009년이 $719,030 \div 3,630,147 \times 100 = 19.8\%$이며, 2016년이 $1,541,216 \div 4,581,406 \times 100 = 33.6\%$이다.

    ③ 전체 수급자는 4,581,406명이며, 이 중 2,351,026명이 단독가구 수급자이므로 전체의 약 51.3%에 해당한다.

    ④ 2009년 대비 2016년의 65세 이상 노인인구 증가율은 $(6,987,489 - 5,267,708) \div 5,267,708 \times 100 = $ 약 32.6%이며, 기초연금수급자의 증가율은 $(4,581,406 - 3,630,147) \div 3,630,147 \times 100 = $ 약 26.2%이므로 올바른 설명이다.

38 ①

    甲 : 사망자가 공무원의 부모이고, 해당 공무원이 2인 이상(직계비속인 C와 D)인 경우이므로 사망한 자를 부양하던 직계비속인 공무원인 D가 사망조위금 최우선 순위 수급권자이다.

    乙 : 사망자 C는 공무원의 배우자이자 자녀이다. 해당 공무원이 2인 이상(직계존속인 A와 B, 배우자인 D)인 경우이므로 사망한 자의 배우자인 공무원인 D가 사망조위금 최우선 순위 수급자이다.

    丙 : 사망자 A 본인이 공무원인 경우로, 사망조위금 최우선 순위 수급자는 사망한 공무원의 배우자인 B가 된다.

39 ④

    ㉠ 주어진 기간 동안 강풍 피해금액과 풍랑 피해금액의 합계를 각각 계산하여 비교하기 보다는 소거법을 이용하여 비교하는 것이 좋다. 비슷한 크기의 값들을 서로 비교하여 소거한 뒤 남은 값들의 크기를 비교해주는 것으로 2013년 강풍과 2014년 풍랑 피해금액이 70억 원으로 동일하고 2009, 2010, 2012년 강풍 피해금액의 합 244억 원과 2013년 풍랑 피해금액 241억 원이 비슷하다. 또한 2011, 2016년 강풍 피해금액의 합 336억 원과 2011년 풍랑 피해금액 331억 원이 비슷하다. 이 값들을 소거한 뒤 남은 값들을 비교해보면 강풍 피해금액의 합계가 풍랑 피해금액의 합계보다 더 작다는 것을 알 수 있다.

    ㉡ 2016년 태풍 피해금액이 2016년 5개 자연재해 유형 전체 피해금액의 90% 이상이라는 것은 즉, 태풍을 제외한 나머지 4개 유형 피해금액의 합이 전체 피해금액의 10% 미만이라는 것을 의미한다. 2016년 태풍을 제외한 나머지 4개 유형 피해금액의 합을 계산하면 전체 피해금액의 10% 밖에 미치지 못함을 알 수 있다.

    ㉢ 피해금액이 매년 10억 원보다 큰 자연재해 유형은 호우, 대설이 있다.

    ㉣ 피해금액이 큰 자연재해 유형부터 순서대로 나열하면 2014년 호우, 태풍, 대설, 풍랑, 강풍이며 이 순서는 2015년의 순서와 동일하다.

40 ①

ㄱ 2016년부터 2017년에는 발전량과 공급의무율 모두 증가하였으므로 공급의무량 역시 증가하였을 것이다. 2015년과 2016년만 비교해보면 2015년의 공급의무량은 770이고 2016년의 공급의무량은 1,020이므로 2016년의 공급의무량이 더 많다.

ㄴ 인증서구입량은 2015년 15GWh에서 2017년에 160GWh로 10배 넘었지만, 같은 기간 자체공급량은 75GWh에서 690GWh로 10배를 넘지 못하였다. 따라서, 자체공급량의 증가율이 인증서구입량의 증가율보다 작다.

ㄷ 각 연도별로 공급의무량과 이행량 및 이 둘의 차이를 계산하면

- 공급의무량＝공급의무율×발전량
  - 2015년＝$55,000 \times 0.014 = 770$
  - 2016년＝$51,000 \times 0.02 = 1,020$
  - 2017년＝$52,000 \times 0.03 = 1,560$
- 이행량＝자체공급량＋인증서구입량
  - 2015년＝$75 + 15 = 90$
  - 2016년＝$380 + 70 = 450$
  - 2017년＝$690 + 160 = 850$
- 공급의무량과 이행량의 차이
  - 2015년＝$770 - 90 = 680$
  - 2016년＝$1,020 - 450 = 570$
  - 2017년＝$1,560 - 850 = 710$

2016년의 경우 전년에 비하여 공급의무량과 이행량의 차이가 감소한다.

ㄹ 이행량은 자체공급량과 인증서구입량의 합으로 구하므로 이행량에서 자체공급량이 차지하는 비중 대신에 인증서구입량 대비 자체공급량의 배율로 바꾸어 생각해보면

$$2015년 = \frac{75}{15} = 5$$

$$2016년 = \frac{380}{70} = 5.4$$

$$2017년 = \frac{690}{160} = 4.3$$

2016년에는 값이 5를 초과하지만 2017년에는 5 미만이 된다. 그러므로 2016년에서 2017년으로 갈 때 이행량에서 자체공급량이 차지하는 비중은 2016년에는 증가, 2017에는 감소하였다.

41 ②

첫째 자리에 선이 세 개 있으므로 15, 둘째 자리에는 점이 세 개 있으므로 60이 된다. 따라서 첫째 자리와 둘째 자리를 합한 값인 75를 입력하면 (그림 4)와 같은 결과를 얻을 수 있다.

42 ④

연도별 각 지역의 대형마트 수는 다음과 같다.

지역	2011년	2012년	2013년	2014년
A	13	15	16	15
B	10	11	11	10
C	9	8	9	6
D	8	7	4	6

따라서 2011년 대형마트 수가 가장 많은 지역은 A, 가장 적은 지역은 D이다.

43 ③

보통예금은 요구불 예금이며, 정기적금은 이자 수익을 얻는 금융 상품이다. 주식을 보유하는 목적은 시세 차익과 배당금 수익이다. 또한 수익증권은 위탁받은 자산운용회사가 운영한 수익을 고객에게 지급하는 금융 상품이다.

44 ②

각 대안별 월 소요 예산을 구하면 다음과 같다.

A안 : 모든 빈곤 가구에게 전체 가구 월 평균 소득의 25%에 해당하는 금액을 가구당 매월 지급한다고 하였으므로, $(300 \times 0.2 + 600 \times 0.2 + 500 \times 0.2 + 100 \times 0.2) \times (2,000,000 \times 0.25) = 300 \times 500,000 = 150,000,000$원이 필요하다.

B안 : 한 자녀 가구에는 10만 원, 두 자녀 가구에는 20만 원, 세 자녀 이상 가구에는 30만 원을 가구당 매월 지급한다고 하였으므로, $(600 \times 100,000 + 500 \times 200,000 + 100 \times 300,000) = 60,000,000 + 100,000,000 + 30,000,000 = 190,000,000$원이 필요하다.

C안 : 자녀가 있는 모든 맞벌이 가구에 자녀 1명당 30만 원을 매월 지급하고 세 자녀 이상의 맞벌이 가구에는 일률적으로 가구당 100만 원을 매월 지급한다고 하였으므로, {(600 × 0.3) × 300,000} + {(500 × 0.3) × 2 × 300,000} + {(100 × 0.3) × 1,000,000} = 54,000,000 + 90,000,000 + 30,000,000 = 174,000,000원이 필요하다.

따라서 A < C < B 순이다.

45 ④

콜센터를 포함하면 11개의 팀으로 구성되어 있다.

46 ②

유기적 조직 … 의사결정권한이 조직의 하부구성원들에게 많이 위임되어 있으며 업무 또한 고정되지 않고 공유 가능한 조직이다. 유기적 조직에서는 비공식적인 상호의사소통이 원활히 이루어지며, 규제나 통제의 정도가 낮아 변화에 따라 쉽게 변할 수 있는 특징을 가진다.

47 ③

불안의 수준이 일정한 정도까지 높아질 때 학습량이 늘어나게 된다. 문화 충격은 우리가 새로운 문화와 우리 자신에 관하여 배우도록 하는, 높지만 극단적으로 높은 수준이 아닌 불안을 제공할 때 긍정적인 영향이 생겨나게 된다.

48 ③

직원 교육에 대한 업무는 인사과에서 담당하기 때문에 교육 세미나에 대해 인사과와 협의해야 하지만 영업교육과 프레젠테이션 기술 교육을 인사과 직원이 직접 하는 것은 아니다.

49 ④

협의 사항 중 비서실과 관련된 내용은 없다.

50 ②

① 영업교육과 프레젠테이션 기술 교육
③ 연 2회
④ 영업직원의 영업능력 향상

51 ④

주차유도원서비스, 상품게시판 예약서비스 등은 사전 서비스에 해당한다.

52 ①

위 표는 직무기술서로 직무기술서는 주로 과업요건에 초점을 맞추고 있다.

53 ④

④ 서비스의 품질에 대한 정의에 해당한다.

54 ①

후쿠오카공항(K13)역에서 나카스카와바타(K09)역까지 4개 역을 이동하는 데 12분이 걸리고, 공항선에서 하코자키선으로 환승하는 데 10분, 나카스카와바타(H01)역에서 지요겐초구치(H03)역까지 2개 역을 이동하는 데 6분이 걸린다. 따라서 후쿠오카공항(K13)역에서 오전 9시에 출발할 경우, 지요겐초구치(H03)역에는 28분 후인 9시 28분에 도착한다.

55 ②

지요겐초구치(H03) → 무로미(K02) → 후쿠오카공항(K13) → 자야미(N09) → 덴진미나미(N16)의 순으로 움직인다면, H03역에서 K02역으로 이동 할 때 1번, K02역에서 K13역으로 이동할 때 1번, K13역에서 N09역으로 이동할 때 1번으로, 총 3번 덴진(K08)역을 지난다.

56 ④

　① 2호　② 6호　③ 4호

57 ③

　MID(text, start_num, num_chars)는 텍스트에서 원하는 문자를 추출하는 함수이다. 주민등록번호가 입력된 [B1] 셀에서 8번째부터 1개의 문자를 추출하여 1이면 남자, 2면 여자라고 하였으므로 답이 ③이 된다.

58 ①

　• 2017년 5월 : 1705
　• 합천 1공장 : 8S
　• 세면도구 비누 : 04018
　• 36번째로 생산 : 00036

59 ③

　'17015N0301200013', '17033H0301300010', '17026P0301100004' 총 3개이다.

60 ②

　② 정용준(16113G0100100001) − 박근동(16123G0401800008)

제3회 정답 및 해설

1 ②

② 제1조 ⑤에 따르면 당사자의 신문이 쟁점과 관계가 없는 때, 재판장은 당사자의 신문을 제한할 수 있다.

① 제1조 ③에 따르면 재판장은 제1항과 제2항의 규정에 불구하고 언제든지 신문할 수 있다.

③ 제1조 ④에 따르면 재판장은 당사자의 의견을 들어 제1항과 제2항의 규정에 따른 신문의 순서를 바꿀 수 있다. 따라서 B와 C가 아닌 甲과 乙의 의견을 들어야 한다.

④ 제3조에 따르면 증인 서로의 대질을 명할 수 있는 것은 재판장 A이다.

2 ④

필자는 현재 우리나라의 역간 거리가 타 비교대상에 비해 짧게 형성되어 있어 운행 속도 저하에 따른 속도경쟁력 약화를 문제점으로 지적하고 있다. 따라서 역간 거리가 현행보다 길어야 한다는 주장을 뒷받침할 수 있는 선택지 ①~③과 같은 내용을 언급할 것으로 예상할 수 있다.

다만, 역세권 문제나 부동산 시장과의 연계성 등은 주제와의 관련성이 있다고 볼 수 없다.

3 ④

'가을 전도' 현상은 가을의 차가운 대기로 인해 표층수의 온도가 물의 최대 밀도가 되는 4℃에 가깝게 하강하면 아래쪽으로 가라앉으면서 상대적으로 밀도가 낮은 아래쪽의 물이 위쪽으로 올라오게 되는 현상을 말한다.

4 ②

A가 잠을 자지 않아 결국 공부를 포기했으며, 그러한 상태가 지속될 경우 일어날 수 있는 부정적인 결과를 나열함으로써 잠이 우리에게 꼭 필요한 것임을 강조하고 있다.

5 ②

효과적인 수면의 중요성을 말하기 위하여, 역사상 잠을 안 잔 것으로 유명한 나폴레옹이나 에디슨도 진짜로 잠을 안 잔 것이 아니라, 효과적으로 수면을 취했음을 예로 제시하고 있다. 나폴레옹은 말안장 위에서도 잤고, 에디슨은 친구와 말을 하면서도 잠을 잤다는 내용이다.

6 ④

'뻑뻑하고', '박탈', '중죄인' 등은 낱말의 뜻을 알아야 하는 것이기 때문에 사전(辭典)을 이용해야 한다. 반면에 '워털루 전투'는 역사적인 사건이기 때문에 역사사전과 같은 사전(事典)을 활용하여 구체적인 정보를 얻는 것이 알맞다.

7 ④

기타사항에 3개월 인턴 후 평가(70점 이상)에 따라 정식 고용 여부를 결정한다고 명시되어 있다.

8 ③

고객이 원하는 3기가 이상의 인터넷과 1회 컬러링이 부가된 것은 55요금제이다.

9 ③

55요금제는 매월 3기가의 인터넷과 120분의 통화, 1회의 컬러링이 무료로 사용할 수 있다.

10 ①

조건에 따르면 영업과 사무 분야의 일은 A가 하는 것이 아니고, 관리는 B가 하는 것이 아니므로 'A – 관리, B – 사무, C – 영업, D – 전산, E – 홍보'의 일을 하게 된다.

11 ③

㉠ "옆에 범인이 있다."고 진술한 경우를 ○, "옆에 범인이 없다."고 진술한 경우를 ×라고 하면

1	2	3	4	5	6	7	8	9
○	×	×	○	×	○	○	○	×
							시민	

- 9번이 범인이라고 가정하면
  9번은 "옆에 범인이 없다.'고 진술하였으므로 8번과 1번 중에 범인이 있어야 한다. 그러나 8번이 시민이므로 1번이 범인이 된다. 1번은 "옆에 범인이 있다."라고 진술하였으므로 2번과 9번에 범인이 없어야 한다. 그러나 9번이 범인이므로 모순이 되어 9번은 범인일 수 없다.

- 9번이 시민이라고 가정하면
  9번은 "옆에 범인이 없다."라고 진술하였으므로 1번도 시민이 된다. 1번은 "옆에 범인이 있다."라고 진술하였으므로 2번은 범인이 된다. 2번은 "옆에 범인이 없다."라고 진술하였으므로 3번도 범인이 된다. 8번은 시민인데 "옆에 범인이 있다."라고 진술하였으므로 9번은 시민이므로 7번은 범인이 된다. 그러므로 범인은 2, 3, 7번이고 나머지는 모두 시민이 된다.

㉡ 모두가 "옆에 범인이 있다."라고 진술하면 시민 2명, 범인 1명의 순으로 반복해서 배치되므로 옳은 설명이다.

㉢ 다음과 같은 경우가 있음으로 틀린 설명이다.

1	2	3	4	5	6	7	8	9
○	○	○	○	○	○	○	×	○
범인	시민	시민	범인	시민	범인	시민	시민	시민

12 ②

김 씨는 메모를 하는 습관을 길러 자신의 부족함을 매우고 자신만의 데이터베이스를 구축하여 모두에게 인정을 받게 되었다.

13 ②

실제 전투능력을 정리하면 경찰(3), 헌터(4), 의사(2), 사무라이(8), 폭파전문가(2)이다.

이를 토대로 탈출 통로의 좀비수와 처치 가능 좀비수를 계산해 보면

㉠ 동쪽 통로 11마리 좀비 : 폭파전문가(2), 사무라이(8) → 10마리의 좀비를 처치 가능

㉡ 서쪽 통로 7마리 좀비 : 헌터(4), 경찰(3) → 7마리의 좀비 모두 처치 가능

㉢ 남쪽 통로 11마리 좀비 : 헌터(4), 폭파전문가(2) → 6마리의 좀비 처치 가능

㉣ 북쪽 통로 9마리 좀비 : 경찰(3), 의사(2)-전투력 강화제(1) → 6마리의 좀비 처치 가능

㉤ 남쪽 통로 11마리 좀비 : 사무라이(8), 폭파전문가(2) → 10마리의 좀비 처치 가능

14 ③

① 실재 → 실제 : '실재로 존재함'을 뜻하는 '실재(實在)'가 아닌 '사실의 경우 또는 형편'을 뜻하는 '실제(實際)'를 쓰는 것이 옳다.

② 운용 → 운영 : '돈이나 제도 따위의 제한적인 기능을 부리어 쓴다'는 의미를 가진 운용(運用)이 아닌 '어떤 시스템 전체를 관리한다'는 의미의 운영(運營)을 쓰는 것이 적절하다.

④ 임대 → 임차 : 임대(賃貸)는 '돈을 받고 자신의 물건을 상대방에게 사용하게 하는 일'을 말하며 '돈을 내고 상대의 물건을 빌리는 것'은 임차(賃借)이다.

15 ①

① 근묵자흑(近墨者黑) : 먹을 가까이하면 검어진다는 뜻으로, 나쁜 사람을 가까이하면 물들기 쉬움을 이르는 말이다.

② 단금지교(斷金之交) : 단금지계(斷金之契)와 같은 것으로, 학문은 중도에 그만둠이 없이 꾸준히 계속해야 한다는 뜻이다.

③ 망운지정(望雲之情) : 멀리 구름을 바라보며 어버이를 생각한다는 뜻으로 어버이를 그리워하는 마음을 이르는 말이다.

④ 상분지도(嘗糞之徒) : 남에게 아첨하여 어떤 부끄러운 짓도 마다하지 않는 사람을 이르는 말이다.

16 ②

위 문서는 기안서로 회사의 업무에 대한 협조를 구하거나 의견을 전달할 때 작성하며, 흔히 사내 공문서라고도 한다.

17 ③

① 19일 수요일 오후 1시 울릉도 도착, 20일 목요일 독도 방문, 22일 토요일은 복귀하는 날인데 좋아하는 매주 금요일에 술을 마시므로 멀미로 인해 선박을 이용하지 못한다. 또한 금요일 오후 6시 호박엿 만들기 체험도 해야 한다.

② 20일 목요일 오후 1시 울릉도 도착, 독도는 화요일과 목요일만 출발하므로 불가능

③ 23일 일요일 오후 1시 울릉도 도착, 24일 월요일 호박엿 만들기 체험, 25일 화요일 독도 방문, 26일 수요일 포항 도착

④ 25일 화요일 오후 1시 울릉도 도착, 27일 목요일 독도 방문, 28일 금요일 호박엿 만들기 체험은 오후 6시인데, 복귀하는 선박은 오후 3시 출발이라 불가능

18 ③

내용을 보면 박 대리는 공적인 업무를 처리하는 과정에서 출판사 대표와의 사적인 내용을 담아 출판사 대표와 자신이 근무하는 회사에 피해를 안겨준 사례이다.

19 ④

정보를 통해 정리해 보면 다음과 같다.

G → D → E → A → C → B → F

20 ②

합리적 의사결정의 조건으로 회의에서 논의된 내용이 투명하게 공개되어야 한다는 조건을 명시하고 있으나, ㉠과 ㉢에서는 비공개주의를 원칙으로 하고 있기 때문에 조건에 위배된다.

21 ②

② 다른 나라에 진출한 타 기업 수 현황 자료는 '다른 나라와의 경제적 연대 증진'이라는 해외 시장 진출의 의의를 뒷받침하는 근거 자료로 적합하지 않다.

22 ②

첫 문단 마지막에 '그렇다면 윤리적 채식주의 관점에서 볼 때, 육식의 윤리적 문제점은 무엇인가?'라는 문장을 통해 앞을 말하고자 하는 중심 내용을 밝히고 있다.

23 ④

생태론적 관점은 지구의 모든 생명체들이 서로 유기적으로 연결되어 존재한다고 보는 입장이다. 따라서 하나의 유기체로서 지구 생명체에 대한 유익성 여부를 도덕성 판단 기준으로 보아야 하므로, 생태론적 관점을 지닌 사람들은 바이오 연료를 유해한 것으로 판단할 것이다.

24 ①

금요일에는 제육덮밥이 편성된다. 목요일에는 오므라이스를 편성할 수 없고, 다섯 번째 조건에 의해 나물비빔밥도 편성할 수 없다. 따라서 목요일에는 돈가스 정식 또는 크림 파스타가 편성되어야 한다. 마지막 조건과 두 번째 조건에 의해 돈가스 정식은 월요일, 목요일에도 편성할 수 없으므로 돈가스 정식은 화요일에 편성된다. 따라서 목요일에는 크림 파스타, 월요일에는 나물 비빔밥이 편성된다.

25 ④

㉣㉤에 의해 B, D가 지하철을 이용함을 알 수 있다.
㉢㉥에 의해 E는 마케팅에 지원했음을 알 수 있다.
㉥에 의해 B는 회계에 지원했음을 알 수 있다.
A와 C는 버스를 이용하고, E는 택시를 이용한다.
A는 출판, B는 회계, C와 D는 생산 또는 시설관리, E는 마케팅에 지원했음을 알 수 있다.

26 ④

'안정적 자금 공급'이 자사의 강점이기 때문에 '안정적인 자금 확보를 위한 자본구조 개선'는 향후 해결해야 할 과제에 속하지 않는다.

27 ②

문자를 숫자로 변환하여 생각을 해보면

J	G	D	A		10	7	4	1
F	I	Z	( )		6	9	26	( )
A	L	U	F		1	12	21	6
U	P	O	J		21	16	15	10

첫 행의 맨 오른쪽 A에서 시작하여 옆 방향으로 내려갔다 옆 방향으로 올라가서 첫 행 맨 왼쪽 J에서 끝이 난다.

$$6 \to 10 \to 15 \to 21 \to 26 \to 4 \to 7 \to 9 \to 12 \to 16 \to 21 \to 1 \to 6 \to 10$$
$$+4 \quad +5 \quad +6 \quad +5 \quad +4 \quad +3 \quad +2 \quad +3 \quad +4 \quad +5 \quad +6 \quad +5 \quad +4$$

3번째 항인 6부터 보면 (+4, +5, +6), (+5, +4, +3, +2), (+3, +4, +5, +6), (+5, +4)가 됨을 알 수 있다. 그러므로 괄호 안에는 +2인 3즉 C가 와야 한다.

28 ②

배의 속력을 x 라 하고 강물의 속력을 y 라 하면 거리는 36km로 일정하므로

$6(x-y)=36 \cdots ㉠$

$4(x+y)=36 \cdots ㉡$

㉡식을 변형하여 $x=9-y$를 ㉠에 대입하면

$\therefore \ y=1.5$km/h

29 ④

사진 6장에 추가하여 뽑는 사진의 수를 x 라 하면

$$\frac{4,000+200x}{6+x} \le 400$$

$\Rightarrow 4,000+200x \le 400 \times (6+x)$

$\Rightarrow 4,000+200x \le 2,400+400x \Rightarrow 8 \le x$

따라서 $(6+8=)14$장 이상을 뽑으면 사진 한 장의 가격이 400원 이하가 된다.

30 ④

2017년 강도와 살인의 발생건수 합은

$5,753+132=5,885$ 건으로 4대 범죄 발생건수의 26.4%

$\left(\frac{5,885}{22,310} \times 100 = 26.37\right)$ 를 차지하고 검거건수의 합은

$5,481+122=5,603$ 건으로 4대 범죄 검거건수의

$28.3\% \left(\frac{5,603}{19,771} \times 100 = 28.3\right)$ 를 차지한다.

① 2014년 인구 10만 명당 발생건수는

$\frac{18,258}{49,346} \times 100 = 36.99 ≒ 37$이므로 매년 증가한다.

② 발생건수와 검거건수가 가장 적게 증가한 연도는 2016년으로 동일하다. 발생건수 증가율은 2015년 6.8%, 2016년 0.9%, 2017년 13.4%, 검거건수 증가율은 2015년 1.73%, 2016년 1.38%, 2017년 18.9%이다.

③ 2017년 발생건수 대비 검거건수 비율이 가장 낮은 범죄 유형의 발생건수는 강도 95%, 살인 92%, 정도 85%, 방화 99%에서 절도이다. 2017년 4대 범죄 유형별 발생건수 총 22,310건이고 60%는 13,386건이 된다. 절도의 발생건수는 14,778건이므로 60%가 넘는다.

31 ④

금리가 지속적으로 하락하면 대출시 고정 금리보다 변동 금리를 선택하는 것이 유리하다.

㉠㉡ 요구불 예금의 금리와 예대 마진은 지속적으로 증가하지 않는다.

32 ④

구분	인문 · 사회	자연 · 공학	전체
A 대학교	2,350 (약 42.0%)	3,241 (약 58.0%)	5,591
B 대학교	2,240 (약 55.7%)	1,783 (약 44.3%)	4,023
C 대학교	3,478 (약 44.8%)	4,282 (약 55.2%)	7,760
D 대학교	773 (약 62.8%)	458 (약 37.2%)	1,231
E 대학교	1,484 (약 47.4%)	1,644 (약 52.6%)	3,128

구분	수시전형			정시전형			정시 기준 수시 정원
	인문·사회	자연·공학	소계	인문·사회	자연·공학	소계	
A 대학교	1,175	1,652	2,827	1,175	1,589	2,764	+63
B 대학교	536	402	938	1,704	1,381	3,085	−2,147
C 대학교	2,331	2,840	5,171	1,147	1,442	2,589	+2,582
D 대학교	319	215	534	454	243	697	−163
E 대학교	725	746	1,471	759	898	1,657	−186

ⓒ 전체 신입생 정원에서 인문·사회 계열 정원의 비율이 가장 높은 대학교는 D 대학교이다.

ⓒ 수시전형으로 선발하는 신입생 정원이 정시전형으로 선발하는 신입생 정원보다 많은 대학교는 A 대학교와 C 대학교이다.

33 ①

표에 따르면 2016년과 2017년 모두 전년대비 1인당 이산화탄소 배출량이 증가한 국가는 B와 D이다. 첫 번째 조건에서 보면 브라질과 사우디가 된다.

브라질은 매년 인구가 1억 명 이상이므로 B와 D 중 매년 인구가 1억 명 이상인 국가는 브라질이다.

2015년 B는 $15.22 = \dfrac{41.49}{x} \rightarrow x = \dfrac{41.49}{15.22} = 2.73$,

D는 $1.99 = \dfrac{38.85}{x} \rightarrow x = \dfrac{38.85}{1.99} = 19.52$

그러므로 D가 브라질이고, B가 사우디가 된다.

2017년의 한국인구, A인구, C인구를 계산해 보면

한국인구 $= \dfrac{59.29}{11.86} = 4.999 = 5 \rightarrow 5$천 명

A인구 $= \dfrac{37.61}{7.2} = 5.2 \rightarrow 5$천 2백 명

C인구 $= \dfrac{53.37}{15.3} = 3.48 = 3.5 \rightarrow 3$천 5백 명

A가 남아공, C가 캐나다가 된다.

34 ①

$x = 667.6 - (568.9 + 62.6 + 22.1) = 14.0$

35 ④

① 2007년 : $\dfrac{591.4 - 575.3}{575.3} \times 100 = 2.8\,(\%)$

② 2008년 : $\dfrac{605.4 - 591.4}{591.4} \times 100 = 2.4\,(\%)$

③ 2009년 : $\dfrac{609.2 - 605.4}{605.4} \times 100 = 0.6\,(\%)$

④ 2010년 : $\dfrac{667.8 - 609.2}{609.2} \times 100 = 9.6\,(\%)$

36 ④

A국은 1차 산업의 비중이 높고, B국은 선진국형, C국은 중진국형, D국은 후진국형 산업 구조이다. 따라서 B국은 C국보다 산업 구조의 고도화가 더 진행되었다.

37 ④

① 올해 배추 생산량은 지난해에 비해 약 3% 상승했다.

② 배추의 재배면적은 지난해에 비해 올해에는 약 7% 감소, 무의 재배면적은 4% 감소했으므로 배추가 더 감소했다.

③ 올해 단위면적당 배추 생산량은 변함이 없다.

38 ②

을은 뒷면을 가공한 이후 갑의 앞면 가공이 끝날 때까지 5분을 기다려야 한다.

뒷면 가공 15분→5분 기다림→앞면 가공 20분→조립 5분

총 45분이 걸리고, 유휴 시간은 기다린 시간인 5분이 된다.

39 ④

완성품 납품 개수는 30＋20＋30＋20으로 총 100개이다.

완성품 1개당 부품 A는 10개가 필요하므로 총 1,000개가 필요하고, B는 300개, C는 500개가 필요하다.

이때 각 부품의 재고 수량에서 부품 A는 500개를 가지고 있으므로 필요한 1,000개에서 가지고 있는 500개를 빼면 500개의 부품을 주문해야 한다.

부품 B는 120개를 가지고 있으므로 필요한 300개에서 가지고 있는 120개를 빼면 180개를 주문해야 하며, 부품 C는 250개를 가지고 있으므로 필요한 500개에서 가지고 있는 250개를 빼면 250개를 주문해야 한다.

40 ③

재고 수량에 따라 완성품을 A 부품으로는 $100 \div 2 = 50$개, B 부품으로는 $300 \div 3 = 100$개, C 부품으로는 $2{,}000 \div 20 = 100$개, D 부품으로는 $150 \div 1 = 150$개까지 만들 수 있다.

완성품은 A, B, C, D가 모두 조립되어야 하므로 50개만 만들 수 있다.

완성품 1개당 소요 비용은 완성품 1개당 소요량과 단가의 곱으로 구하면 되므로 A 부품 $2 \times 50 = 100$원, B 부품 $3 \times 100 = 300$원, C 부품 $20 \times 10 = 200$원, D 부품 $1 \times 400 = 400$원이다.

이를 모두 합하면 $100 + 300 + 200 + 400 = 1{,}000$원이 된다.

41 ④

각 도시별 자동차 대수를 구해보면 자동차 대수의 단위가 1,000명이므로 10을 곱하여 만 명당 대수로 변환하게 계산을 하면 된다.

A : $70 \times 1{,}500 = 105{,}000$

B : $50 \times 4{,}500 = 225{,}000$

C : $40 \times 3{,}000 = 120{,}000$

D : $50 \times 5{,}000 = 250{,}000$

42 ③

㉠ 출고가 대비 공시지원금의 비율을 계산해 보면

• A= $\dfrac{210{,}000}{858{,}000} \times 100 = 24.48\%$

• B= $\dfrac{230{,}000}{900{,}000} \times 100 = 25.56\%$

• C= $\dfrac{150{,}000}{780{,}000} \times 100 = 19.23\%$

• D= $\dfrac{190{,}000}{990{,}000} \times 100 = 19.19\%$

그러므로 '병'과 '정'은 C아니면 D가 된다.

㉡ 공시지원금을 선택하는 경우 월 납부액보다 요금할인을 선택하는 경우 월 납부액이 더 큰 스마트폰은 '갑'이다. A와 B를 비교해보면

• A

－공시지원금

$$= \frac{858{,}000 - (210{,}000 \times 1.1)}{24} + 51{,}000 = 77{,}120\,원$$

－요금할인$= 51{,}000 \times 0.8 + \dfrac{858{,}000}{24} = 76{,}550\,원$

• B

－공시지원금

$$= \frac{900{,}000 - (230{,}000 \times 1.1)}{24} + 51{,}000 = 77{,}750\,원$$

－요금할인$= 51{,}000 \times 0.8 + \dfrac{900{,}000}{24} = 78{,}300\,원$

B가 '갑'이 된다.

㉢ 공시지원금을 선택하는 경우 월 기기값이 가장 작은 스마트폰 기종은 '정'이다.

C와 D를 비교해 보면

• C= $\dfrac{780{,}000 - (150{,}000 \times 1.1)}{24} = 25{,}620\,원$

• D= $\dfrac{990{,}000 - (190{,}000 \times 1.1)}{24} = 32{,}540\,원$

C가 '정'이 된다.

그러므로 A=을, B=갑, C=정, D=병이 된다.

43 ③

③ 준법감시인과 경제연구소는 은행장 소속으로 되어 있다.

44 ④

① 조직의 사명은 조직의 비전, 가치와 신념, 조직의 존재이유 등을 공식적인 목표로 표현한 것이다. 반면에, 세부목표 혹은 운영목표는 조직이 실제적인 활동을 통해 달성하고자 하는 것으로 사명에 비해 측정 가능한 형태로 기술되는 단기적인 목표이다.

② 조직목표는 한번 수립되면 달성될 때까지 지속되는 것이 아니라 환경이나 조직 내의 다양한 원인들에 의해 변동되거나 없어지고 새로운 목표로 대치되기도 한다.

③ 조직구성원들은 자신의 업무를 성실하게 수행한다고 하더라도 전체 조직목표에 부합되지 않으면 조직목표가 달성될 수 없으므로 조직목표를 이해하고 있어야 한다.

④ 조직은 다수의 조직목표를 추구할 수 있다. 이러한 조직목표들은 위계적 상호관계가 있어서 서로 상하관계에 있으면서 영향을 주고받는다.

45 ③

인력수급계획 및 관리, 교육체계 수립 및 관리는 인사부에서 담당하는 업무의 일부이다.

46 ①

A교수는 중장기적으로 근로자를 경영에 참가시킬 것을 제시하고 있다. 이는 근로자의 경영참가제도로서, '근로자를 경영과정에 참가시킴으로써 공동으로 문제를 해결하고 노사 간의 균형을 이루며 상호 신뢰로 경영의 효율을 향상시키는 데에 그 목적이 있다고 할 수 있다.

② 이는 근로자 경영참가 제도뿐 아니라 노동자의 권익 보호를 강조하는 제시글의 내용과도 관련이 없다.

③ 조직문화에 대한 설명으로, 근로자 경영참가와는 무관한 내용이다.

④ 근로자에 대한 경영참가 제도를 강조하는 제시글에서 주주로서의 권한을 부여한다는 내용의 언급은 없으며, 주주로서의 권리 행사가 경영참가 제도의 도입 목적으로 볼 수는 없다.

47 ④

㉠ a = b = c = d = 25라면, 1시간당 수송해야 하는 관객의 수는 40,000 × 0.25 = 10,000명이다. 버스는 한 번에 대당 최대 40명의 관객을 수송하고 1시간에 10번 수송 가능하므로, 1시간 동안 1대의 버스가 수송할 수 있는 관객의 수는 400명이다. 따라서 10,000명의 관객을 수송하기 위해서는 최소 25대의 버스가 필요하다.

㉡ d = 40이라면, 공연 시작 1시간 전에 기차역에 도착하는 관객의 수는 16,000명이다. 16,000명을 1시간 동안 모두 수송하기 위해서는 최소 40대의 버스가 필요하다.

㉢ 공연이 끝난 후 2시간 이내에 전체 관객을 공연장에서 기차역까지 수송하려면 시간당 20,000명의 관객을 수송해야 한다. 따라서 회사에게 필요한 버스는 최소 50대이다.

48 ①

㉠ 1번째 종목과 2번째 종목의 승점이 각각 10점, 20점이라면 8번째 종목까지의 승점은 다음과 같다.

종목	1	2	3	4	5	6	7	8
승점	10	20	40	80	160	320	640	1,280

㉡ 1번째 종목과 2번째 종목의 승점이 각각 100점, 200점이라면 8번째 종목의 승점은 다음과 같다

종목	1	2	3	4	5	6	7	8
승점	100	200	310	620	1,240	2,480	4,960	9,920

㉢ ㉠㉡을 참고하면 1번째 종목과 2번째 종목의 승점에 상관없이 8번째 종목의 승점은 6번째 종목 승점의 네 배이다.

㉣ 만약 3번째 종목부터 각 종목 우승 시 받는 승점이 그 이전 종목들의 승점을 모두 합한 점수보다 10점 더 적도록 구성한다면, 8번째 종목까지의 승점은 다음과 같다.

종목	1	2	3	4	5	6	7	8
승점	10	20	20	40	80	160	320	640

종목	1	2	3	4	5	6	7	8
승점	100	200	290	580	1,160	2,320	4,640	9,280

49 ①

① 乙과 甲, 乙과 丙이 '동갑' 관계이고 甲과 丙이 '위아래' 관계이므로 甲, 乙, 丙의 관계는 '모호'하다.

50 ④

지원부문뿐만 아니라 4개의 본부와 그 소속 부서들이 모두 부사장 직속으로 구성되어 있다. 따라서 옳게 수정하면 4개 본부, 1개 부문, 4개 실, 16개 처, 1개 센터와 1개 지원단으로 구성되어 있다.

51 ④

㉠㉡㉢은 모두 조직개편사항에 맞게 나타난 것으로 지적할 필요가 없다. 중소기업지원단은 기술지원부문에 신설된 것이므로 조직도를 수정해야 한다.

52 ④

송상현 사원의 1/4분기 복지 지원 사유는 장모상이었다. 이는 본인/가족의 경조사에 포함되므로 경조사 지원에 포함되어야 한다.

53 ①

작년 4/4분기 지원 내역을 보더라도 직위와 관계없이 같은 사유의 경조사 지원금은 동일한 금액으로 지원되었음을 알 수 있으므로 이는 변경된 복지 제도 내용으로 옳지 않다.

54 ④

④ 사업부문은 신용사업부문으로 명칭이 변경되어야 한다.

55 ④

항공기 식별코드의 앞부분은 (현재상태부호)(특수임무부호)(기본임무부호)(항공기종류부호)로 구성된다.

㉠ K는 (현재상태부호)와 (항공기종류부호)에 해당하지 않으므로 (특수임무부호)와 (기본임무부호)인데, 특수임무는 항공기가 개량을 거쳐 기본임무와 다른 임무를 수행할 때 붙이는 부호이므로 같은 기본임무와 같은 임무를 수행할 때에는 붙이지 않는다.

㉡ G(현재상태부호) → 영구보존처리된 항공기 B(특수임무부호) → 폭격기 C(기본임무부호) → 수송기 V(항공기종류부호) → 수직단거리이착륙기

㉢ C(특수임무부호) → 수송기 A(기본임무부호) → 지상공격기 H(항공기종류부호) → 헬리콥터

㉣ R은 (기본임무부호)이거나 개량으로 인하여 더 이상 기본임무를 수행하지 못하게 된 경우의 (특수임무부호)이다.

56 ③

현재 정상적으로 사용 중이므로 (현재상태부호)가 붙지 않으며, 일반 비행기이므로 (항공기종류부호)도 붙지 않는다. 따라서 식별코드 앞부분에는 (기본임무부호)에 특수임무를 수행한다면 (특수임무부호)가 붙고, 뒷부분에는 1~100번 사이의 (설계번호)와 (개량형부호) A가 붙는다.

57 ①

엑셀 통합 문서 내에서 다음 워크시트로 이동하려면 〈Ctrl〉+〈Page Down〉을 눌러야 하며, 이전 워크시트로 이동하려면 〈Ctrl〉+〈Page Up〉을 눌러야 한다.

58 ②

DSUM(데이터베이스, 필드, 조건 범위) 함수는 조건에 부합하는 데이터를 합하는 수식이다. 데이터베이스는 전체 범위를 설정하며, 필드는 보험실적 합계를 구하는 것이므로 "보험실적"으로 입력하거나 열 번호 4를 써야 한다. 조건 범위는 영업2부에 한정하므로 F1:F2를 써준다.

59 ③

A=1, S=1

A=2, S=1+2

A=3, S=1+2+3

…

A=10, S=1+2+3+…+10

∴ 출력되는 S의 값은 55이다.

60 ②

ROUND(number, num_digits)는 반올림하는 함수이며, ROUNDUP은 올림, ROUNDDOWN은 내림하는 함수이다. ROUND(number, num_digits)에서 number는 반올림하려는 숫자를 나타내며, num_digits는 반올림할 때 자릿수를 지정한다. 이 값이 0이면 소수점 첫째자리에서 반올림하고 −1이면 일의자리 수에서 반올림한다. 따라서 주어진 문제는 소수점 첫째자리에서 반올림하는 것이므로 ②가 답이 된다.